호모 파베르의 인터뷰

호모 파베르의

직장폐쇄와
용역 폭력사태에 맞선

안산 SJM 노동자들의
59일간 이야기

인 터 뷰

이양구 지음

제철소

차례

이 책의 눈과 귀와 말이 되어준
224명의 당신들

강세구	강순구	강호선	강호필	고상윤	고성봉	권영태	권원배	권재현
권혁록	김관수	김권화	김대진	김동학	김막례	김만성	김만영	김만웅
김명성	김명식	김삼부	김선명	김선배	김선철	김성구	김수복	김신태
김양호	김영수	김영종	김영태	김영학	김영호	김용기	김용기	김용래
김육래	김윤수	김익성	김웅규	김일호	김재욱	김정애	김종만	김종욱
김종혁	김준호	김진국	김진년	김진태	김태환	김해중	김형민	김호선
김희대	남해용	노효구	맹필제	모광원	모필원	문권한	문대식	문춘경
문형조	민경서	민상기	민승기	박경훈	박길수	박동혁	박명옥	박상석
박선심	박성남	박순관	박순옥	박윤규	박영자	박용태	박정화	박종숙
박희진	방대석	백승철	서기율	서재식	서창수	석봉호	손범국	손태환
송귀옥	송승현	송택선	신남교	신민철	심낙희	심현성	신동섭	안덕길
안상동	안상진	양성습	양승환	엄수건	엄용헌	오 성	오창호	우용근
우종학	원종두	원종복	유동복	유동석	유병욱	유상근	유상기	유선종
유영환	유인태	유인철	윤경화	윤백송	윤석희	윤수진	윤여순	윤영조
이경원	이관호	이기성	이남옥	이덕현	이명균	이봉규	이상열	이상진
이상현	이선석	이성건	이승호	이승호	이영진	이영진	이용엽	이용호
이우길	이원숙	이윤식	이재남	이재영	이종봉	이주일	이 준	이진형
이현옥	이홍민	임무철	임영숙	임정석	장길식	장대수	장동현	장상민
장성진	장재호	장춘근	장태섭	장향숙	전순재	전종철	전진오	정광식
정근민	정대호	정백철	정병복	정봉순	정영식	정용일	정용철	정웅식
정의덕	정장환	정준위	정지욱	정지훈	정진명	정찬수	조길형	조동주
조병기	조승연	조용래	조재호	조재호	조창래	조현묵	조호준	조희훈
주영직	진남규	진성규	진영명	진영석	진일권	최규덕	최병길	최병귀
최정범	최진규	최진원	최춘생	최현규	피기천	하정호	함성수	한대성
한명환	한승원	한정록	허봉도	허쌍호	황점이	황학출	황현상	

사진 | 자동차용 벨로우즈 : 배기계 전방에 위치하여 엔진 및 노면에서 발생하는 각종 진동과 소음을 흡수하고, 승차감 향상과 배기 시스템의 내구력 향상에 기여하는 부품.

영화 〈일 포스티노〉를 좋아해서 해마다 한 번 정도는 본다. 볼 때마다 다른 장면이 보이고 다른 대사가 들리지만 마리오가 밤하늘의 별을 녹음하는 장면만은 언제 보아도 먹먹하다. 이 책을 쓰기 위해서 반월공단을 오가는 동안 그 장면에 파도소리가 겹쳤다. 방조제가 만들어지기 전 반월공단이 염전이었다는 얘길 듣고부터였다.

자동차 부품 제조 기업 SJM의 노동자들을 만난 것은 연극 〈노란봉투〉의 대본을 쓰기 위해서였다. 연극 〈노란봉투〉는 시민단체 '손잡고'가 주관하는 '노란봉투 캠페인'의 첫 번째 문화행사였다. 노란봉투 캠페인은 쌍용자동차 해고 노동자들에게 청구된 47억의 손해배상금을 4만 7천 원씩 10만 명이 나눠서 갚아주자는 한 여성의 제안으로부터 시작된 캠페인이다.

한홍구 선생에게 처음 대본 제안을 받았을 때 망설임이 있었다. 나는 노동문제에 관심을 가지고 살아온 사람이 아니었다. 선생을 만난 날 손해배상 청구에 시달리다가 스스로 목숨을 끊은 배달호와 김주익의 이야기를 들었다. 공부를 해가면서라도 손을 보태야 하는 일이 분명했다.

2014년 4월 제주도로 가던 세월호가 진도 앞바다 속으로 사라졌다. 프란치스코 교황이 다녀갈 때까지 나는 '노란봉투'라는 제목 말고는 아무것도 쓴 게 없었다.

친구 전인철을 연출로 붙들어두고 배우 먼저 캐스팅을 했다. 전인철과 배우들은 기약 없는 대본을 기다리며 노동 관련 책도 읽고 파업현장도 찾아다녔다.

공연 날짜는 다가왔지만 나는 여전히 진도를 나가지 못하고 있었다. 쌍용자동차를 모티브로 시작했지만 나는 아주 작은 사업장을 배경으로 그리고 싶었다. 그때 소개받은 곳이 반월공단의 SJM이었다. SJM은 조합원 300명이 안 되는 작은 사업장이지만 안산지역에서 노동조합이 조직된 회사로는 가장 큰 규모였다.

윤영조(SJM 노조 대외협력부장)에게 벨로우즈(bellows)에 대한 설명을 처음 들었다. 벨로우즈는 자동차 부품으로, 엔진과 배기통 사이에서 엔진의 진동과 열을 잡아주고 배기통의 파손을 막는 완충장치 역할을 한다. 나는 노동조합이 회사와 노동자 가족들 사이에서 벨로우즈 역할을 하는 것이라고 느꼈다. SJM 노동자들의 도움으로 나는 〈노란봉투〉의 대본을 공연 사흘 전에야 간신히 끝낼 수 있었다. 그 무렵 부당해고에 맞서 광화문 전광판에 올라 50일간 고공농성을 했던 씨앤엠의 강성덕을 만난 것도 큰 도움이 되었다.

연극 〈노란봉투〉는 짧은 기간이었지만 전국의 많은 사업장에 있는 노동자들이 다녀갔고 직접 출연까지 했다. 노란봉투 캠페인을 조금이라도 더 알리기 위한 노력이었다.

SJM이 겪은 일을 자세하게 인터뷰한 것은 2014년 공연을 마치고 2015년 재공연을 앞둔 겨울이었다. SJM은 2012년 7월 27일 사측이 노동조합을 깨기 위해서 용역을 고용해 폭력사태를 일으킨 사업장이었다. 경주 발레오만도를 시작으로 KEC, 상신브레이크, 유성기업 등 노조파괴 전문회사 '창조컨설팅'의 개입으로 민주노조가 차례로 깨지고 있던 때였다. 그러나 SJM의 727[*]을 계기로 창조컨설팅의 실체가 드러나버렸고 대표는 감옥에 가야 했다. 이 작은 사업장의 노동조합은 용역에

---

[*] SJM 노동자들은 그날을 '727'이라고 부른다. 이 책에서는 727과 SJM 용역 폭력사태라는 말을 섞어서 사용하고 있다.

비폭력으로 맞섰고, 59일 만에 완전한 '승리'를 거두고 공장으로 돌아갔다. 그들은 비정규직을 모두 정규직으로 전환했고, 잔업특근을 없애고 각종 수당도 통상임금으로 전환했다. 나는 그들의 이야기가 궁금했다.

나는 희곡을 쓰는 작가라서 '백서'를 만드는 일에는 관심도 자신도 없었다. 그러나 그 사태를 겪은 사람들에 관한 이야기라면 관심이 갔다. 노조는 내 뜻을 존중해주었고 믿어주었다. 그래서 나는 727을 기록하되 사건 자체보다는 그 사건을 겪은 사람들이 살아온 삶에 대해서 쓰기로 마음먹었다.

열심히 살아온 사람들에게서 당연히 나는 자주 깊은 감동을 받았다. 그 감동을 옮기지 못하는 것은 언어와 시간이 가진 한계를 탓할 수 없는 작가의 부족함 때문일 것이다.

김영호 지회장을 가장 먼저 인터뷰했지만 그의 이야기는 맨 뒤로 배치했다. 독자들이 지회장이 아니라 평범한 노동자를 먼저 만나길 바라는 마음에서다. 인터뷰는 모두 서른 명가량 했지만 여기에는 아홉 명밖에 싣지 못했다. 아홉 명의 이야기로 줄이고 또 줄였다. 그게 못내 아쉬워 또 다른 여덟 명의 이야기를 짧은 에세이로 풀어 인터뷰 사이사이 넣어두었다.

나는 그들의 싸움에 연대한 무수히 많은 조직과 사람들을 일일이 만나거나 여기에 열거하지 못했다. 내가 이 책에서 특별히 주의를 기울인 것은 노동자 개개인의 고유한 성격과 내면, 그들이 맺고 있는 인간관계였다.

책 제목에 대한 고민이 많았다. 사람은 도구가 아니라 도구로 세계를 만드는 존재다. 그런데 내가 만난 사람들은 자신들이 쓰는 도구와 그 도구로 만든 제품에 무참히 맞았다.

이 책에 제목을 선사한 편집자 김태형은 책 만드는 일의 어려움을 깨닫게 해준 또 한 명의 호모 파베르였다.

야간작업을 마친 박선심은 평소처럼 피곤한 몸을 이끌고 카드를 찍었다. 막 퇴근하려던 참이었는데 누군가 현장으로 잠깐 모이라고 했다. 2012년 7월 26일 밤 11시 50분이 조금 지난 시각이었다. 공장에 모인 사람은 대략 70여 명이었다. '무슨 일이 있는 걸까……' 긴장된 순간 앞으로 나선 사람은 김영호 SJM 노동조합 지회장이었다.

"지금 깡패들이 우리 회사로 오고 있는 것 같습니다. 어떻게 해야 할까요?"

그 순간 기계까지 작동을 멈추고 숨을 죽였다. 박선심은 배신감이 치밀어 올랐다. 20년 넘게 일한 회사였다. '어떻게 이럴 수가 있을까.' 이건 정말 아니었다. 어떻게든 공장을 지켜야 한다는 생각이 들었다. 박선심은 정적을 깨고 입을 열었다.

"깡패 새끼들이 우리 회사에 쳐들어온다는데 우리가 왜 나가요?"

박선심의 말은 사람들의 가슴을 쳤다. 누가 먼저랄 것도 없이 자연스럽게 공장을 지키게 되었다. 조합원들은 매점에 있는 빵과 음료수와 물을 2층 사무실로 옮겼다. 퇴근한 조합원들에게 공장으로 급히 들어오라는 전화를 돌리기 시작했다.

✘ 이 글은 인터뷰를 기초로 폭력사태가 일어난 2012년 7월 27일 당일을 재구성한 것이다. 개별 인터뷰를 읽기 전 그날 밤의 상황을 염두에 두길 바라는 마음으로 이 대목을 구성했다.

김용기(SJM 노동조합 사무장)는 총무부장을 불렀다.

"이마트에 가서 부식 좀. 물, 쌀, 라면…… 있는 대로 다!"

노트북을 켜고 문자를 타이핑해서 전송했다.

－깡패가 들어오려고 합니다. 선봉대들은 회사로 집결해주십시오!

회사로 집결한 선봉대들이 고속도로 IC 등으로 규찰을 나갔다. 퇴근했던 조합원 40~50명 정도가 속속 회사로 들어왔다.

그날 김영호가 용역들이 들어올 거라는 첩보를 입수한 것은 저녁 8시였다. 일과를 마치고 막걸리를 한잔 걸치고 있었다. 금속노조 경기지부장에게 전화가 왔는데, 서울 상암동에 용역 2천 명가량이 집결해 있다고 했다. 만에 하나라도 SJM으로 갈 수도 있으니 대비를 하라는 것이었다. 금속노조 간부 김○○의 친구 중에 '깡패'가 직업인 이가 보내준 소식이라고 했다.

민주노총 사무실에 모여 간부들과 대책회의를 했다. 만약 용역들이 SJM으로 온다면 공장을 지켜야 할지 조합원들을 철수시켜야 할지, 누구 하나 확고한 판단을 내리지 못하고 있는데, 그들의 움직임은 속보로 계속 들어왔다. 김○○은 위험을 무릅쓰고 용역들 틈에 들어가 보호품과 티셔츠까지 지급받고 교육을 받는 중 틈틈이 메시지로 소식을 전했다.

시간이 밀물처럼 밀려왔다. 오후조가 퇴근하는 11시 50분이 점점 다가오고 있었다. 11시 45분, 차라리 현장 조합원들에게 결정하라고 하면 어떻겠느냐는 결론을 내리고 5분 만에 공장으로 들어왔다. 오후조가 막 퇴근을 하기 직전이었다.

회사로 들어온 상황실장 정용일은 '상황일지'에 2012년 7월 26일 목요일 밤 11시 50분을 이렇게 기록한다.

비상 발생 선봉대 동지들 회사 집결.
연대조 동지들 퇴근을 안 하고 회사에서 대치 중.

정용일의 글씨는 또박또박하고 알아보기 쉽게 쓰여 있었다.

그날 김태환은 일을 마치고 막 퇴근을 하려던 참이었다. 사람들이 모인 곳으로 가자 변호사까지 와 있었다. '설마 깡패들이 오늘 여길 올까…… 내일이 휴가인데…….' 다들 그렇게 생각하는 것 같았다. 공장을 지키기로 했지만, 그저 혹시 모르니까 남는 거라고 생각했다. 규찰대가 밖으로 순찰을 나가자 갑자기 배가 고팠다. 라면을 끓여 먹고 잠이라도 좀 자야겠다는 생각에 탈의실에 누웠다. 온종일 일해서 몸은 피곤한데 잠이 오질 않았다. 누웠다 일어났다를 반복했다. 용역들을 태운 버스가 안산으로 들어와서 화랑유원지에 집결했다는 속보를 들었지만 그저 멍할 뿐이었다.

조호준은 자정이 조금 넘은 시각 집에서 축구를 보고 있었다. 런던올림픽 멕시코전이었다. 띠릭, 도착한 문자를 보는 순간 '아! 때가 왔나 보다.' 하는 생각이 들었다. 같은 동네에 사는 유상기에게 전화를 했다. "상기야, 가자!" 조호준은 곧바로 유상기를 태워서 회사로 들어왔다.

조재호는 정문에서 대기하다가 회사 근처를 배회하는 노무 담당자들을 목격했다. 자정을 넘어 새벽으로 접어드는 시간이었다. 우리 회사가 아니길 바라는 마음과 결국 이렇게 되는 건가 하는 마음이 왔다 갔다 했다.

조호준과 유상기가 회사로 들어오고 김태환이 탈의실에서 뒤척이던 새벽 1시 정각, 상황실장 정용일은 이렇게 기록한다.

> *01 : 00   의심 가는 차량 2~3대가 회사 주변을 배회 중.*
> *마티스 4○○1*

그 시각 김용기(사무장과 동명이인)는 집 옥상에서 잠들어 있었다. 아내의 생일파티를 마치고 휴대폰을 방에다 둔 채였다. 잠결에 화장실에 가려고 방으로 갔다가 부재중 전화가 몇 통 찍힌 휴대폰을 발견했다. 혼미한 상태로 전화를 했다. 김△△가 다급한 목소리로, "형님 지금 뭐 하세요? 난리 났으니까 빨리 회사로 들어오세요." 하는 것이었다. 김준호와 급히 연락해서 회사로 들어왔다. 회사는 묘하게 고요하면서도 썰렁했다. 정문 쪽으로 가서 수상한 차량을 살피라는 규찰 임무가 떨어졌다. 자다가 나온 터라 몸은 피곤하고 졸려서 죽을 것 같았다. 그러고 보니 아내에게 얘기도 못 하고 나왔다.

용역들이 나눠 탄 버스는 서울을 떠났다. 약 2천 명 가운데 300명가량을 태운 버스가 인천 쪽으로 방향을 틀었다.

김영호는 방향을 틀었다고 반드시 안산으로 오는 것은 아닐 거라고 생각했다. 규찰대는 안산 톨게이트, 화랑유원지, 반월공단 초입, 부광약품 근처, 회사의 정문과 후문을 나눠서 지키고 있었다.

새벽 3시가 조금 지난 시각, 마침내 버스가 안산 톨게이트를 통과했다. 버스는 일단 화랑유원지에서 멈췄다. 지금은 세월호 합동분향소가 설치된, 널찍한 공원에 버스가 멈추자 용역들이 바깥바람을 쐬러 쏟아져 나왔다.

김영호는 머릿속이 복잡해졌다. SJM 노동자들의 평균 연령은 45세가량이다. 부딪혀 싸운다면 물리적으로 이길 수 없었다. 그렇다고 깡패들에게 회사를 내주고 스스로 물러날 수는 없었다. 맨손으로 저항하다가 그들이 밀면 밀려나는 전략밖에는 다른 수가 없다고 생각했다.

정용일은 긴장을 했는지 화랑유원지를 화랑요원지라고 썼다.

03 : 20   차량 화랑요원지로 집결 중.

이경원은 오이도 방파제 길을 걸으며 바닷바람을 쐬고 있었다. 그날 오전조였기 때문에 하루만 더 일하면 휴가였다. 지인들과 술도 한잔하고 노래방까지 갔다온 뒤였다. 전화를 받자 회사 상황이 안 좋은 것 같으니 어서 들어오라고 했다. 분위기가 심상치 않았다. 형들이 나눠주는 장갑을 끼고 마스크를 쓰면서 처음 당해보는 상황이 너무 험하다고 느꼈다. 조합원들은 정문과 후문으로 반반씩 나뉘어 용역들을 맞을 준비를 하고 있었다.

박선심은 아래층이 궁금해서 내려왔다. 땅바닥에 앉아서 대기하고 있는 동료들을 보자 사무실에서 쉬고 있었다는 사실이 너무 미안해졌다. 누군가 자꾸 위에 올라가 있으라고 해서 다시 2층 사무실로 돌아가야 했다.

정용일은 화랑유원지에서 들어오는 속보를 계속하여 기록했다.

03 : 55   버스 이동 예정, 작전 지시 마치고 이동 대기 중. 300명.
            조합원 120여 명.

화랑유원지를 떠난 버스는 마침내 반월공단으로 들어와 부광약품 앞에서 방향을 틀어 SJM으로 향했다.

조재호는 정문에 있다가 사거리 쪽에서 SJM 방향으로 꺾어서 들어오는 버스 네 대를 보았다. 이제 돌아올 수 없는 강을 건넌 거라고 생각하며 카메라를 꺼냈다. 만약의 사태를 대비해 기록해야 했다. 후문 쪽에서 웅성거리는 소리가 들려왔다.

버스가 회사 후문 앞에 멈추자 전투경찰 복장을 한 용역들이 쏟아져 나왔다.

04 : 25   버스 5대 도착. 용역 깡패 후문 도착.

정용일의 글씨는 거의 알아볼 수 없게 흐트러져 있었다.

용역들은 바리케이드가 쌓인 후문 앞으로 도열했다. 한 번도 이런 싸움을 겪은 적이 없는 조합원들은 얇은 마스크 하나에 목장갑을 끼고 맞섰다. 중무장한 용역들이 철문 앞으로 바짝 다가왔다.

조호준은 시꺼먼 용역 깡패들이 철문으로 바짝 붙자 머리가 쭈뼛 섰다. 입술이 바싹바싹 마르기 시작했다. 살벌했지만 조합원들이 도망가지 않고 함께 자리를 지키려는 게 참 좋았다.

05 : 00　　　정·후문 용역 깡패와 대치 중.

"1차 경고한다······!"

용역들은 경찰이라도 되는 양 커다란 스피커의 음량을 최대한 높여놓고 떠들었다. 조합원들이 겁을 집어먹고 도망가기를 바라는 것 같았다.

이선자 금속노조 경기지부 사무국장이 외쳤다.

"너희는 일당 받고 여기 왔겠지만 우리는 여기가 생계의 터전이다. 물러가라!"

"넘어!"

확성기에서 명령이 떨어지자 용역들이 소화기를 뿌리고 곤봉을 휘둘렀다. 조합원들은 그들에게 래커를 뿌리면서 맨몸으로 맞섰다. 조합원들은 비폭력이었지만 금세 밀리지 않고 버텼다. 도리어 자신감이 강해지는 것 같았다. 몇 번 진입을 시도하던 용역들이 정문으로 몰려갔다. 조합원들도 공장을 관통해서 정문 쪽으로 뛰어갔다. 정문은 후문보다 진입로가 훨씬 넓어서 방어하기에는 더 어려웠다.

정문을 지키던 조재호는 후문 쪽에서 우악우악 하던 소리가 멈추자 귀를 쫑긋세웠다. 그리고 얼마 후 그는 정문으로 달려오는 용역들을 보았다. 그들은 명패만 다를 뿐 헬멧과 복장은 경찰과 조금도 다르지 않았다. '회사는 도대체 무슨 맘으로 저 사람들을 끌어들인 것일까…….' ○○○ 이사가 왔다 갔다 하는 것이 보였다.

정문을 방어하는 것은 너무 힘겨웠다. 조동주는 물을 뿌려야겠다고 생각하고 소방호스를 연결했지만 물이 나오지 않았다. 누군가 일부러 물을 막아놓은 것 같았다. 보호장비를 갖춘 용역들이 곤봉을 휘두르면서 치고 나왔고, 정문과 후문 사이에 있는 낮은 담장을 넘어 화단을 지나 공장으로 진입해 들어왔다. 조합원들이 우왕좌왕하기 시작했다. 조합원들은 공장 마당을 지나서 공장 안으로 후퇴했다. 조동주가 자동문을 닫았지만 소방호스가 걸려서 문이 잠기지 않았다. 그때 용역들이 던진 소화기에 한정록이 머리를 맞고 바닥으로 쓰러졌다.

    05 : 05   *전문 틀림.*

정용일은 정신이 없었는지 정문 뚫림을 전문 틀림이라고 휘갈겼다.

    05 : 10   *깡패들 구공장까지 진입.*
    05 : 00   *한정록 머리, 김용기, 이관호, 김익성 병원, 김응규, 박동혁, 김태*
                환, 조재호. 조재호(정책) 끌려감.

정용일은 이제 시간까지 거꾸로 쓰고 있었다. 한정록까지는 다친 부위를 썼지만 그 뒤로는 다친 사람의 이름만 기록하기에도 벅찼다.

결국 모든 조합원은 1층을 포기하고 2층 사무실로 올라갔다. 2층으로 올라가는 계단에 의자와 책상 등으로 급히 바리케이드를 설치했다. 용역들은 곧바로 2층으로 진입을 시도했지만 좁은 계단을 통해서 진입하는 것은 불가능했다. 조합원들이 몸을 아끼지 않고 계단에서 필사적으로 막았다. 침묵 속에 30분가량의 소강상태가 지나갔다.

2층 사무실에 피해 있던 박선심은 다급한 마음에 112에 신고를 했다.

"여기 안산 반월공단에 있는 SJM인데요, 깡패들이 쫓아 들어와서요……."

경찰들은 이미 다 알고 있다는 듯 "어디요? 어디요?" 형식적으로 대답만 했다.

김영호는 미리 연락처를 구해둔 기자 네 명에게 그 새벽 계속해서 전화를 하고 문자를 보냈다. 살려달라고, 지금 우리가 다 죽게 생겼으니까 좀 살려달라고……. 그러나 아무도 연락을 받는 사람은 없었다. 새벽 5시면 일어났을 법도 한데 다 외면하는 건가 하는 생각마저 들었다.

2층 사무실로 쫓겨 올라온 김용기(사무장)는 노트북을 켜놓고 조합원들에게 문자를 보냈다.

– 지금 회사로 오고 있는 조합원들은 일단 밖에서 대기하고 계십시오.

문자를 받고도 후문이나 옆 회사를 통해 회사로 들어오는 조합원들도 있었다.

이상열이 회사로 들어왔을 때는 조합원들이 모두 2층으로 올라간 뒤였다. 여기저기 다쳐서 피를 흘리는 사람들이 보였다. 부상이 심해 회사 밖으로 나간 조합원들도 있었다. 더 이상 저항이 힘든 상태까지 와 있는 것 같았다.

조재호는 사진을 찍어야겠다는 생각으로 바리케이드를 쳐놓은 계단 맨 앞줄로 갔다. 새벽이고 공장에 불까지 꺼져 있어서 너무 어두웠다. 그는 무서웠지만 저쪽에도 초짜들이 많을 거라 생각하며 당황하지 않으려고 노력했다. 그때 누군가 어둠 속에서 조재호를 잡아챘다.

조동주는 용역 하나가 계단 앞으로 나갔던 조재호를 낚아채는 걸 보았다. 조재호는 엄청나게 두드려 맞고 나서야 병원으로 실려 갔다.

05 : 30　전경 도착. 3개 중대 도착, 정문 주변 배치.

05 : 35　사측 간부 도착.

뒤늦게 경찰이 도착했지만 공장 안으로 진입하지는 않았다. 용역들은 30분가량 사측과 대책회의를 한 것 같았다. 용역들이 다시 움직인 건 6시 10분이었다. 그들은 제품을 담아놓은 팔레트를 쓰러뜨렸다. 벨로우즈, 인터로크 등 철제품들이 바닥에 쏟아지면서 시끄러운 소리가 공장을 울렸다.

06 : 10　　　깡패들 움직이고 있음.

06 : 15　　　깡패 공격.

"현장에 있는 팔레트 물건 적재한 그거를 다 쓰러뜨리더라고. 그러니까 이런 게 (벨로우즈, 인터로크 등 철제) 따르르르 현장에 다 굴러다니더라고. 그러고선 "죽여, 죽여!" 하더라고. 그러더니 그걸 던지기 시작하더라고요." *(조동주)*

"슬슬 치고 들어오더라고. 이게 장난 아니게 들어오더라고. 벨로우즈를 땅에다 엎어놓더니 집어 던지기 시작하고. 사람 맞으면 죽을 수도 있는 스페샤라고 큰 쇳덩어리를, 뾰쪽한 쇠꼬챙이를 던지더라구요. 사람한테." *(김영호)*

"그때부터 뭐가 엄청나게 많이 날아오는 거죠. 벨로우즈, 쇠꼬챙이 다 던진 거죠. 빈 소화기도 던지고. 다 날아다녔으니까. 그러다 보니 저쪽 계단도 다 뚫리기 시작하니까 조합원들 내보내야 할 거 아니에요. '야, 조합원들 다 빼. 빼.' 해서 나가려고 했는데…… 용역들이 거기 앞에 지켜 서서 막 때리고 있으니까 못 나간다는 거야. 여기서 다구리 다 당한 거지. 뭐 창문에서 떨어지는 사람……." *(정준위)*

06 : 20　　　일시 중지. 유병욱 부상, 한승원, 조동주…… .

부상자가 속출했다. 20년 넘도록 자신들이 만들고 있는 자동차 부품에 맞아서 피를 흘린 것이다.

김영호는 순간 비폭력으로 대응하려던 계획을 세운 것을 후회했다. 사람들이 맞아서 피를 흘리고 쓰러지는데 조합 쪽은 헬멧 하나 없었던 것이다. 이제라도 시화에 있는 3공장에서 쇠파이프라도 가져와야겠다고 생각했다. 그는 유인철을 3공장으로 보냈다.

정용일은 아무것도 하지 못한다는 죄책감에 괴로웠다. 지금이라도 달려가서 돕고 싶었다. 하지만 다친 조합원들의 이름을 한 자 한 자 적고 시간까지 기록하는 것이 자신의 임무라고 생각했다. 이 시간이 지나가고 나면 이 종이가 반드시 필요할 것이라고 자신을 달랬다.

06 : 22   다시 시작.

06 : 29   정문 계단 뚫림. 엄용헌(부상)

뚫림에 ㅎ 자를 쓸 여유도 없었다.

3공장으로 달려간 유인철에게서 연락이 왔다.

"3공장도 이미 점령당했습니다."

김영호는 무장하지 않은 것을 이제 와서 후회해도 소용없다고 생각했다. 계속 싸우는 것은 불가능했다. 그러나 퇴로가 모두 막혀서 퇴각하는 것마저도 쉽지 않았다.

2층으로 올라온 용역들이 곤봉을 휘두르며 다가오자 조합원들이 밀리기 시작했다.

박종숙은 2층에서 이선자가 다쳤다는 얘길 들었다. 한정록의 다친 머리에서 선지 같은 피가, 순두부 같은 피가 폭폭 솟고 있었다. 지혈할 수 있는 게 아무것도 없어서 옆에 있던 장갑으로 한정록의 머리를 눌렀다. 경황이 없었지만 "빨리 사진 찍어, 사진 찍어!" 소리를 질렀다. 선지 같은 피가 쏟아지는 것을 본 것은 태어나서 처음이었다.

사람들이 많이 빠져나가고 있었다. 박종숙은 2층에서 뛰어내리려고 후문 쪽 창문을 열어보았지만 너무 높았다. 앞뒤로 다 깡패들이 서 있으니, 뛰어내려 죽으나 맞아 죽으나 그게 그거라는 생각이 들었다. 벨로우즈가 계속해서 날아오고 있었다.

남자들은 고개를 숙이고 벨로우즈를 피하면서 밖으로 나가고 있었지만 박종숙은 무서워서 나갈 수가 없었다. 저쪽에서 몽둥이로 사람들을 패면서 다가오는 깡패들이 보였다.

깡패들은 곤봉을 휘두르며 2층 사무실까지 진입해와서 문을 열어젖혔다. 문이 열리자 박선심은 다른 사람들과 함께 "때리지 마세요, 때리지 마세요!"라고 외쳤다. 그러니까 누군가 잔소리하지 말라고 하면서…… 사람들을 때렸다. 깡패들이 사람들을 마구 때렸다. 용역 중에 하나가 "아줌마들은 나오세요. 아줌마들은 때리지 마세요."라고 말했다. 박선심은 제일 먼저 밖으로 나왔다. 뒤에 남은 남자들이 용역들에게 얻어맞으면서 비명을 질렀다.

조동주는 옆에 있던 사람들이 머리가 찢어져서 병원으로 가는 것을 보았다. 정작 자신이 다친 것은 알지도 못했다. 다만 뭔가가 입술에 스쳤다는 생각 정도만 하고 있었다. 옆에 있던 정용일이 "형, 피가 많이 나요. 병원에 가봐야 할 것 같은데요." 했을 때에야 벨로우즈에 맞은 입술이 거의 둘로 조각나 너덜너덜해진 것을 깨달았다. 깡패들 있는 쪽으로 나가려니 겁이 났다. 2층에서 뛰어내려야겠다고 생각하고 있을 때 정영식이 뛰어내렸다. 그는 바닥에 쓰러졌고 나중에 병원으로 실려 갔다. 조동주는 차마 엄두가 안 나서 난간을 잡고 변압기가 있는 곳으로 뛰어내렸다. 어릴 때부터 운동을 좋아했던 것이 다행이었다.

06 : 34   신공장 진입.

이상열은 쉴 새 없이 날아오는 쇠꼬챙이를 피해 널빤지로 머리를 막으면서 바

같으로 나갔다. 우수수, 소나기가 쏟아지는 것 같은 소리가 들려왔다. 어떻게 알았는지 용역 한 명이 쫓아와서 이상열을 때렸다. 그는 정년퇴직을 앞두고 있었다.

"저거 종이 뺏어야 해!"

정용일이 상황을 기록하고 있는 것을 눈치챈 용역 하나가 소리쳤다. 정용일은 도망쳤다.

"저놈 잡아!"

용역 하나가 끝까지 쫓아왔다. 정용일은 용역에게 맞으면서도 종이를 절대 놓지 않았다. 이 기록만은 지켜야 한다고 생각했다. 계단을 막은 바리케이드를 뛰어넘는 순간 깡패가 휘두른 몽둥이에 맞았다. 땅으로 떨어지는 찰나에도 양손에 쥔 종이와 볼펜을 놓쳐서는 안 된다고 생각했다. 재수 없게 뒤로 넘어지면서 허리와 목을 다쳤지만 종이와 볼펜만은 절대로 놓치지 않았다.

06 : 43   조합원 전원 나옴.*(쫓겨남)*
            부상자 속출. 수석, 성수 탈출.*(부상)*

"그때 맨 마지막에 김진년 씨가 다쳤거든요······. 3공장에 근무하는 머리 맞은 사람. 그 사람 이름을 내가 김진년으로 기억하는데······ 그 사람이 맨 마지막에 맞았는데······ 깡패들이 막 욕을 하면서 잔소리하지 말고 나가라고 그냥 머리를 내려치더라고. 그러니까 김진년 씨 머리가 깨져 피가 나더라고. 맨 마지막 몇 명 안 남았는데 그 사람 머리를 때리더라고······. 후문으로 해서, 그것도 문도 안 열려서 문을 타고 넘어서 나왔죠. 맨 마지막에." *(박종숙)*

이용호는 조합원들을 때리지 말라고 외치면서 손으로 막다가 곤봉에 맞아 손가락 두 개가 부러졌다. 발가락과 무릎 뒤쪽을 걷어차였고 몸 전체가 멍투성이가 되었다. 잠시 아무런 기억이 나지 않았다. 휘청거리는 몸으로 밖으로 나와서 병원으로 갔다.

    06 : 47   조합원 정문 집결.

이상열이 밖으로 나오자 날은 훤히 밝아 있었다. 몇 개 중대인지 모를 경찰이 회사 담벼락 쪽으로 죽 늘어서 있었다. 그런데 경찰들은 회사 쪽 반대 방향만 쳐다보고 있었다.

김만웅은 그날 아침 집에 있었다. 사정이 있어서 휴대폰을 정지해놓은 상태였다. 동생한테 집 전화로 전화가 왔다. 6시가 조금 지났을까. 회사가 난리 났다고 했다. 급히 몸을 씻고 달려갔더니 회사는 이미 엉망이 되어 있었다.

아침에 회사에 도착한 정찬수는 피를 흘리며 나오는 정준위와 김진년을 보았다. 그 순간 '이런 걸 보고 회사에 들어가서 일을 하는 건 말이 안 된다.'고 생각했다. 그는 관리직이나 다름없는 기장이었다.

    07 : 45   조합원 인원 점검 중.

    08 : 30   약식 집회 진행. (상황보고)

아침 8시 30분이 되자 SJM 노동자들은 회사 앞에 모여서 약식 집회를 진행했다.

김용기 사무장은 마이크를 잡고 뒤늦게 달려온 사람들에게 밤새 있었던 상황을 보고했다.

그 시각 조동주는 벨로우즈에 맞아서 너덜너덜해진 입술을 수건으로 감싸 쥐고 수원 아주대 병원으로 향하고 있었다.

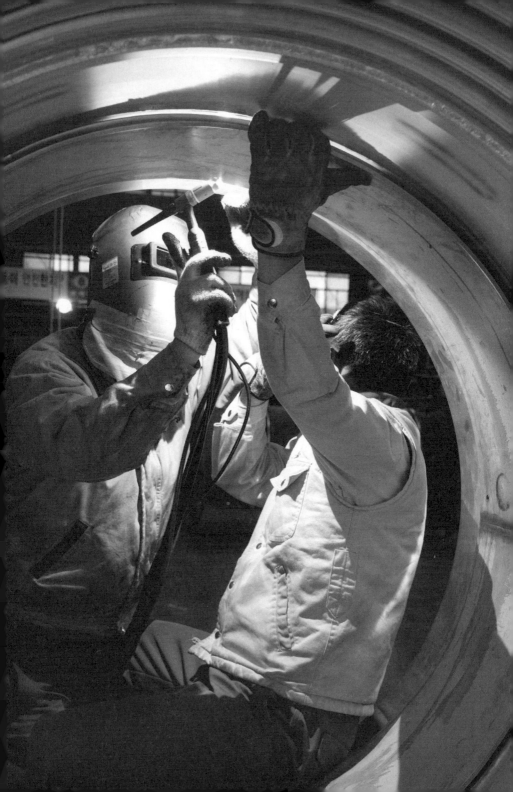

한지원에 따르면 그 당시 SJM은 2011년 매출 1천억에 당기순익 134억으로 2010년에 비해 매출 51퍼센트, 당기순익 260퍼센트 가 증가한 회사였다. 사측의 노조탄압은 2010년 지주회사(SJM홀딩스) 설립 후 변화된 SJM그룹 상황과 관계가 있다. 2010년 구) SJM이 SJM홀딩스로 바뀌었다가 SJM홀딩스에서 현)SJM이 다시 분할되는 방식으로 지주회사가 설립되었는데 이 과정에서 그룹 오너 일가가 챙긴 배당액과 임원보수 등이 크게 증가했다고 한 다. 지주회사 설립 이후 그룹 내부거래 역시 매우 복잡해졌고 이 해하기 힘든 내부거래가 다수 발견되면서 SJM 노동조합이 자주 우려를 표명하였다. 특히 한국칼소닉(매출은 0, 이자 및 배당 수익만 존재, 사실상 페이퍼 컴퍼니) 등 비제조회사들의 실체에 대해서 문 제를 제기하고 안정적인 일자리, 건전한 생산활동 등을 요구하 였지만 사측은 일체 여기에 응하지 않고 있었다. 사측은 대신 구 조조정 전문가를 영입하여 노조를 자극하면서 노동조합을 무력 화시키기 위한 기획을 추진하고 있었다.[*]

✱ 한지원, 「SJM 용역깡패 투입 및 노조와해 공작의 배경과 문제점」, 『그 두 달간의 기록』, 2012년, 77쪽.

만약 이 종이를
집어 던지고 나가서
싸웠다면 이런 기록이
하나도 없겠죠

/// 정용일 이야기

27

인터뷰
하나,

정 용 일 ✿ 이 야 기

SJM 노동조합 문화부장 정용일(38)**✱**과의 인터뷰를 가장 먼저 소개한다. 727 당일 상황실장이던 정용일은 폭력사태가 진행되는 동안 모나미볼펜으로 A4용지에 실시간 상황일지를 작성했다. 나는 그날 그 자리에 없었다. 3년이 지난 시점에서 지금은 평화로운 노동조합 사무실에 앉아 그날의 상황들을 묻고 들어야 하는 처지에 놓여 있다. 바라건대 시간의 간극을 잊지 않고 앞으로의 인터뷰를 읽어주기 바란다.

그는 키가 컸고 해맑게 웃으며 시원시원하게 말하는 사람이었다.

정용일✱✱ 쑥스럽네요.

작가 그냥 자연스럽게 얘기하면 돼요. 나이가 어떻게 되세요?

정용일 78년생이에요.

작가 동안이신데요?

정용일 (웃으며) 감사합니다. 그런 얘기 가끔 들어요.

✱ 이 책에 표기한 인터뷰이들의 나이는 인터뷰를 진행한 2015년 당시의 나이임을 밝혀둔다.
✱✱ 인터뷰어는 '작가'로, 인터뷰이들은 각자의 실명으로 표기했다.

작가   태어난 데가 어디예요?

정용일   전라도 광주요. 뭐 태어난 곳은 담양인데, 거기서 태어나자마자 광주로 이사 왔죠.

작가   그럼 광주에는 언제 가신 거예요?

정용일   두 살? 엄마 얘기로는 그러니까 돌 지나자마자 바로 나왔다고. 광주로 이사 왔다고 하더라구요. 광주에서 스무 살까지 살았죠. 광주농고를 나왔는데 3학년 때 취업을 나갔어요. 그때 좀 많이 놀러 다니고 그랬는데…… 오토바이를 사가지고 타고 다니다가 교통사고가 크게 한 번 났어요. 내 인생의 전환점이에요, 그 사고가. 안산으로 오는 계기가 돼버렸으니까요.

나도 오토바이를 타고 다니다가 넘어진 적이 있다. 회전을 하다가 바닥에 모래알 같은 것이 있었는지…… 넘어질 때의 아찔함, 그건 내가 미끄러지고 있다는 것을 알면서도 어쩌지 못하는 순간이다.

정용일   시속 80킬로로 달리다가 3차선에 들어오는 차를 그대로 받아서 공중으로 오토바이랑 같이 떴어요. (입을 딱 벌리고) 와, 진짜 그 순간에 '야 이거 죽었다.' 생각하고…… 그러니까 차를 받자마자 붕 떠가지고……. (다행이라는 듯) 오토바이를 계속 잡고 갔으면 오토바이랑 같이 앞으로 떨어졌을 텐데, 차를 받자마자 붕 떠서 오토바이를 놔버렸어요.

"그 편이 더 나은가요?"라고 내가 물었다.

정용일   네, 놓으니깐, 나는 그냥 보닛 위로 툭 떨어지고 오토바이는 날아가버린 거예요.

작가   그래서 산 거네요. 헬맷은 썼어요?

정용일   썼죠, 당연히. 오토바이 사고 나본 친구들한테 많이 들었어요. 자동차를 받으면 "야, 절대 오토바이랑 같이 가지 마라." 그런 얘기를 많이 들어가지고…… 무조건 받으면 놔라, 그리고 오토바이가 자빠지면 무조건 놔라 그거예요. 브레이크 꽉 잡고 같이 가려고 하지 말라고 그러더라구요. 그냥 무조건 받으래요. 받을 수 있으면 피하지 말고 그냥 받으래요.

작가   받으란 얘기는?

정용일   그러니까 이렇게 딱 위험 상황에서 '아, 이거 피할 수 있어.' 그러면 피하고, 만약 피할 수 없으면 '받아!' 그 판단이 서잖아요. 그러면 고민하지 말고 무조건 받으래요, 피하지 말고. 피하면 바로 죽는대요. 그냥 피하는 순간에 바로.

피하면 죽고 차라리 받으면 산다는 것이다.

작가   그러면 그 순간에 받기로 결심한 거예요?

정용일   네.

작가   야아.

정용일   순간 판단을 잘한 거죠.

작가   보통사람이라면 피할 텐데요.

정용일   그렇죠. 다 피하게 되어 있죠. 친구들이 그러더라고요. "야, 너 어떻게 그 상황에서 정말 받을 생각을 다 했냐."

정용일의 결단력 있는 성격에 관심이 갔다.

작가　평소 성격이 딱 결단력이 있네요.

정용일　아니 꼭 그렇진 않아요. 우유부단한 면도 많고. 그러니까 기는 기고 아니면 아닌 게 거의 한 80퍼센트. 좀 뭔가 미적지근하고 불안감이 있으면 우유부단하다고 그래야 하나? 결정을 쉽게 못 내려요. 근데 한 70~80퍼센트 정도는 내 감으로 확실한 결단을 내리고 그냥 가버리는 거라면, 우유부단함이 대략 20~30퍼센트 있어서 그게 좀 많이 힘들어요.

작가　그렇구나. 그러면 그 사고가 인생의 전환점이 됐다 그랬잖아요. 그러고 SJM으로 바로 들어온 거예요?

정용일　그렇죠. 사고 나고 병원에 한 달 동안 입원해 있다가 깁스를 푸는 동시에 삼촌이 SJM 들어와서 면접 보라고, 그게 다음 해 1월인가? 사고가 11월 말에 났고.

당시 SJM에는 정용일의 넷째 외삼촌이 근무하고 있었다. 정용일뿐만 아니라 대부분의 사람이 알음알음 소개로 들어왔다는 것을 인터뷰를 진행하는 동안 확인할 수 있었다.

정용일　난 솔직한 얘기로 떨어질 줄 알았거든요?

작가　왜요?

정용일　교통사고도 난 상태고 면접에서 별로 느낌이 안 좋았어요. 면접 때 누구 소개로 왔냐, 고향은 어디냐, 광주면 너 여기 일 다닐 수 있겠냐, 물어봐서 건성건성 막 대답하고 그랬거든요. 면접 보고 내려가 있는데 삼촌한테 연락이 왔어요. 합격했으니까 올라와서 신체검사하라고. 신체검사하고 나서도 떨어질 줄 알았거든요. 근데 웬걸, 3월 4일에 입사하라고, 출근하라고 딱 연락이 온 거죠.

작가　97년 3월 4일.

정용일 네, 그런데 진짜 아주 웃긴 게 뭐냐면 이제 입사 날짜만 기다리는 거 잖아요. 2월 중순엔가 연락을 받았으니까. 그래서 "2월에 졸업이니까 마무리를 짓고 가겠습니다." 하고 졸업하고 나서 딱 갔는데……. 너무 잘 보이려고, 딴에는 첫 직장이니까 잘 보이려고…….

작가 회사에 잘 보이려고?

정용일 네네. 머리를 매직으로. 그 당시에는 곱슬머리였어요. 반곱슬이었는데 매직으로 펴고 싶었던 거예요. 그래서 약국에서 파는 일반 스트레이트 약 있잖아요, 매직하는 약. 그땐 약국에서 팔았어요. 그걸 집에서 열심히 했어요. 했는데 웬걸 머리가 완전히 떡이 져서 부욱 달라붙은 거야. 이걸 어째, 밀어? 말어? 밀어? 말어? 한참을 고민하다가 '야, 이대로는 도저히 못 가겠다. 밀자.' 그러고 완전히 삭발을 한 거예요.

작가 첫 출근에?

정용일 네.

나는 웃음이 터졌다.

작가 장난 아니었겠다.

정용일 완전 인상 제대로 박혔죠. 사람들한테, 현장에 있는 형님들한테. 갓 스무 살짜리가 입사 첫날 삭발을 하고 왔으니.

작가 그랬더니 뭐라고 해요, 사람들이? 삼촌은요?

정용일 아무 말 안 하던데요. 그냥 같이 일하는 사람들이 뭐 사회에 불만 있냐고.

작가 사회에 불만 있냐?

정용일 그렇게 큰 꾸지람은 없었어요.

작가	설명은 했을 거 아니에요.
정용일	그렇죠, 설명을. 이러이러한 사정이 있어서 이렇게 자르고 왔다, 그러니까 다 그냥 암말 않더라구요. 처음엔 한 일주일 삼촌 집에 있다가 기숙사 들어갔죠.
작가	몇 인 몇 실이었어요, 그 기숙사가?
정용일	거의 5인, 다섯 명, 네 명. 그러니까 몇 인 몇 실이 아니고 그냥 방 두 개에 거실 하나, 거실 부엌 같이 묶인 거 하나.
작가	그냥 되는 대로 같이 산 거군요.
정용일	네네. 그러니까 많이 살면 다섯 명, 적게 살면 네 명. 어떨 땐 세 명 한 방, 한 명 한 방, 어떨 때는 두 명씩 나눌 때도 있고.
작가	그러면 무슨 일 먼저 하셨어요?
정용일	처음에 들어오자마자 수동성형이라고, 그거를.
작가	수동성형? 성형반에 계신 거예요?
정용일	아뇨, 지금처럼 성형반이 아니고 제가 입사했을 당시엔 H라인이라는 곳이 있었어요. 그러니까 그냥 반장, 조장만 있었지, 제대로 된 라인이 없었거든요.
작가	그때는 혼자서 다 했다면서요?
정용일	네, 들어오고 나서 노동조합 소개받고 생산 누구, 과장, 부장 인사 다 하고 반장 인솔하에 현장 한 바퀴 뺑 돌고……. 다음 날부터 수동성형을 했어요. 그러니까 조관자가 호밍을 하나 뽑아주면 내가 두 개를 연결, 외측과 내측을 연결해서 삽입하고 센터를 맞춰서 손으로 잡고 스위치를 누르고 성형이 다 되면 꺼내서 피어싱…….

피어싱. 베란다 새시 일을 하는 우리 셋째형이 알루미늄에 드릴로 구멍을 뚫을 때마다 혼잣말로 "피어싱." 하던 장면이 떠올랐다.

작가 피어싱. 구멍 뚫는 거를 얘기하는 거예요?

정용일 네, 그러니까 산소용접기로 뚫는 거. 그거를 한 달 했나? 근데 그걸 우리 반에서 하는 게 아니고, 전체 라인이 한 일곱 개인가 있었는데 그 라인 돌아가면서 했어요. 그러니까 그 당시에는 노동조합도 있기는 했지만 이 지원이라는 게, 되게 자유스러웠어요. 그러니까 생산 라인에서 부장이든 반장이든 직장이든 그 사람들이 어느 라인으로 가라, 아침에, 어느 라인으로 가라 하면 싫어도 어쩔 수 없이 가야 되는. 그때는 소속이라는 게 없었죠. 가령 핵심 라인에서 조관 작업자가 월차를 써버리면 다른 라인에서 한가한 조관 작업자가 투입되던 그런 시대였으니까.

작가 지금은 라인 못 옮기게 돼 있죠? 대체근무를 금지하는 것과 비슷한 맥락으로 이해하면 되겠네요.

정용일 제가 수석대의원일 때 그 문제로 회사랑 많이 싸웠죠. 2000년도 좀 넘었을 때일 거예요, 2000년도 초반.

정용일은 스무 살에 입사했으니 근속 연수가 벌써 18년, 3월 4일이면 만 18년이었다.

작가 그러면 노동조합을 처음 만났을 것 같은데.

정용일 네, 유니온 숍 조항에 따라서 자동으로 가입했어요.

유니온 숍(union shop) 조항은 입사할 때 특정 노동조합에 가입하는 것을 전제로 근로 계약서를 작성하는 것을 말한다.

작가 노동조합이 뭔지는 알았어요?

정용일 아뇨, 몰랐어요. 정말 우연히 알게 됐어요. 노동조합 형들하고 같이 다닐 때였는데, 나는 스무 살이라 뭘 모를 때였고. 5.1절 집회가 있어서 형들 따라 집회에 갔어요. 3개월도 안 된 수습기간이었어요. 그때 장충공원인가에서 시위가 있었는데 백골단 나오고 최루탄 던지고 화염병, 꽃병 던지고 그럴 때 있었어요. 최루탄 되게 많이 날아오고 그랬는데, 제가 고향이 광주잖아요. 초등학교 때부터 최루탄을 많이 맡아봐서 면역이 된 거예요. 어떻게 대처하면 덜 맵고 어떻게 하면 피할 수 있다, 그런 걸 너무 잘 아니깐 자연스럽게 몸이 반사가 되더라고요. 열심히 돌 던지고 화염병 던지고 또 쇠파이프 들고 앞에 나가서 대학생들하고 같이, 그러니까 그때는 대학생들이 백골단하고 잘 싸웠거든요. 지금도 생각나는 게 대학생들이 1차 막고 쇠파이프 들고 있으면 노동자들이 뒤에 2차, 3차 해가지고 돌 던지고. 돌멩이 딱 던지고 이렇게 서가지고 치고 빠지고 치고 빠지고 되게 재미있었거든요. 저 어렸을 때도 집 바로 앞이 대학교다 보니 많이 봤으니까.

작가 어떤 학교?

정용일 광주대학교요. 지금도 광주대 근처에 있어요. 어머니 아버지 사시는 곳이.

작가 그러면 노동조합의 첫 이미지, 막 투쟁하고 이런 느낌들이 강했겠네요, 그때는?

정용일 투쟁하는 이미지보다는 일단 뭔가 이제 남한테 꿀리지 않는다는 느낌. 형님들도 그렇고. 내가 들어오기 바로 전 해에 파업을 했대요.

작가 네, 96년에 파업이 좀 세게 있었다고 들었어요.[*]

정용일 네. 그래서 원래는 12월, 그러니까 내가 사고 직전에 삼촌이 면접 보게 하려고 했는데 임금단체협약이 아직 안 끝나서, 파업이 안 끝나서 면접을 못 본 거라는 얘기를 하더라고요. 형님들한테 얘기 들어보면 정말 형님들이 꿀리지 않고 당당하게 회사하고 얘기하는 게 있었고 내가 봐도 회사가 조합원들한테 부당하게 할 때 형님들이 옆에서 한 마디 얘기 건네주고 챙겨주는 모습. 그러니까 내가 관리자한테 혼날 때, 내가 작업할 때 잘못한 것도 있지만 그 잘못을 형님들이 옆에서 커버해줄 때 '아, 이게 노동조합이구나.' 그런 걸 느꼈어요.

정용일에게 노동조합은 회사 관리자와 자기 사이에서 말 한마디라도 거들어주고 챙겨 주고 옆에 있어주는 존재였다. 다른 형들도 노동조합 덕분에 당당하게 얘기하는 것처 럼 보였다고 했다. 나는 드라마를 전공한 사람으로서 정용일의 성격에 자꾸 관심이 갔 다. 고등학교 때 남에게 꿀리는 경험들이 있었는지 물었다.

정용일   네, 고등학교 때 좀……. 그러니까 일진 애들이 있고 이진 애들이 있 고 삼진 애들이 있어요. 그런데 일진과 이진 그 중간에 있는 놈 하나 가 1학년 때부터 저를 괴롭혔어요. 지가 일진인 것처럼. 근데 알고 보 면 일진도 아닌, 그렇다고 해서 이진도 아닌, 그런 애. 근데 나는 걔하 고 말다툼하기도 싫고. 고등학교 1학년 때는 제가 되게 순진했어요. 학교 집 학교 집 그랬으니까. 그 뭐라고 그럴까 왕따 아닌 요즘에 그 뭐 바보 있잖아요, 그 말 한마디만 해도 다 줄 것 같은. 그렇게 생활 했는데, 애한테 계속 괴롭힘당하고. 그게 싫었는데 3개월인가 있다가 교내 서클활동이 있잖아요. 그중 한 부서에 들어갔어요, 제가. 거기에 들어가고 나서부터는 형님들이 있잖아요, 선배님들이, 그 선배님들이

✖ SJM에 노동조합이 처음 설립된 해는 1987년이다. 1990년에 2대 집행부로 교체되었고, 1993년 3대 집행부부 터 민주노조로 전환되었다. 4대 집행부 선거를 앞둔 1996년, 회사 측에서 노동조합 선거에 개입하는 일이 발생했 다. 회사 측에서 개고기를 사주면서 입후보를 독려하였다고 해서 이른바 '개고기 사건'이라고 불린다. SJM 노동조 합은 그해 조합원들이 둘로 나뉘는 경험을 했지만, 파업으로 회사 측에 노동조합 문제에 개입하지 않겠다는 약속을 받아냈다.

또 다 커버를 해주는 거야. 그 커버 속에서 저도 이제 어깨에 힘도 들어가고 우쭐하고 그런 게 생기니까 마음은 편해졌어요. 고등학교 2학년 땐가? 동기생들이 돈 뺏고 시계도 뺏고 때리고…… 그런 일을 한번 겪었어요. 그러고 나서 바로 경찰서 갔죠.

작가 경찰서는 왜요?

정용일 얘가 때린다고, 물건 뺏고.

작가 신고했어요? 오오, 어떻게 됐어요?

정용일 경찰이랑 대동하고 학교 가서 얘가 나 때리고 물건 뺏었다……. 교장교감 다 오고 그다음에 그쪽 부모 오고 우리 엄마 아빠도 다 오고.

작가 학교에다가도 얘기 안 하고 신고한 거예요?

정용일 네, 그냥 경찰서 가서 바로 찔렀어요. 고등학교 때 고모네 집에서 다녔고, 고모가 제 인생 상담사였거든요.

작가 고모의 인생 상담? 뭐라고 그러셨어요?

정용일 "괴롭히는 애가 있는데 어떻게 할까요?" 그랬더니 방법은 딱 두 가지더라고요. 선생님한테 이야기하는 거, 또 하나는 그냥 경찰서에 이야기하는 거. 선생님한테 이야기하면 별 볼 일이 없을 것 같아가지고 두 번째를 선택해서 바로 경찰에 찔러버린 거죠.

정용일의 성격을 조금 짐작할 수 있을 것 같았다. 다시 노동조합 이야기로 돌아왔다.

작가 조합 활동도 즐거웠을 것 같아요.

정용일 그 당시엔 즐거웠어요. ○○이 형이랑, 김△△이라는 형님이 있었고 또 지금 같이 회사에 있는 이재남 씨.

작가 어떤 분들인가요?

정용일 ○○이 형 같은 경우는 나를 투사로 만들어준 형님이고.

작가	아, 그래요? 어떻게 투사로 만들었어요?
정용일	회사하고 싸울 수 있는 대담함 같은 것들. 저를 항상 옆에 끼고 다니면서 회사랑 협상하는 방법도 알려주고. 모델이었죠. 한마디로 말해서, 나의 모델이었죠.
작가	지금도 계세요?
정용일	아뇨, 안 계세요. 그만뒀어요.
작가	퇴직하셨어요? 아니면 중간에요?
정용일	중간에.
작가	왜요?
정용일	컴퓨터에 되게 관심이 많았어요. 그 형이 나간 뒤로는 저도 다 때려치우고 싶었는데 피는 못 속이겠더라구요. 회사 다니다가 어떤 불합리함을 목격하게 되면 이건 아닌데 하면서 또다시 앞장서게 되더라고요. 그게 한 1년 걸린 것 같아요. ○○ 형님을 잊는 데.
작가	그때 그분이 회사를 그만두신 게 지금도 어떤 영향을 미치고 있나요?
정용일	아무래도 지금의 롤 모델들을 봐도 확실한 믿음이 실리지는 않죠. 이 사람도 어느 정도 하다가 끝내버릴 수도 있다는 생각이 들죠.

연극 대본을 쓰다 보면 한 사람의 생각이 형성되거나 그 생각이 바뀌는 계기에 대해서 주목하게 된다. 그 계기란 말하자면 어떤 '겪음(경험)'인데 어떤 사람과의 만남 혹은 이별이 큰 역할을 하기도 한다.

작가	사람들이 선생님에게 기대가 많을 것 같아요. 어때요?
정용일	그런 부담감 많이 줘요.
작가	그럴 것 같아요, 믿음, 기대 그런 부담들.
정용일	전 남들 앞에 서는 거를 좋아하고 조합원들은 남들 앞에 서는 걸 잘

못하잖아요, 힘들어하고. 내가 대신 해주니까, 야, 당연히 니가 해야지, 그런 반응이 나오는 거죠. 한 10년 지나니까 그때부터 그런 반응이 나오더라구요. '당연히 니가 해야지, 야 니가 하는 거지 내가 어떻게 하냐?' 그런 얘기 많이 하더라구요.

작가 어디 가나 그런 거 있어요. (웃으며) 지금은 어느 부서에 계세요?

정용일 조립 1반요. 조립 1반에서 지게차 운전하고 있어요.

작가 그렇구나, 그럼 문화부장은 언제부터 하신 거예요? 쭉 문화부장을 하신 거예요?

정용일 메모지 하나 필요한데……. (메모지에 볼펜으로 써가며 계산한다.) 97년도에 들어와서 그러니까 올해가 이천 몇 년이죠? (숫자를 발음해가면서) 15년, 14년, 문화. 13…… 12…… 대의원. 11…… 선전……. 9…… 문화……. 7…… 문화……. 6…… 문화…… 아니 5구나. 4……, 3…… 아, 이때가 체육이었나 보다, 체육, 3년도…… 대의원……. 문화를 내가 세 번 했던가? 체육하고 대의원 수석대의원.

작가 간부 엄청 많이 하셨네요?

정용일 문화부장을 많이 맡았어요. 97년도 말고 98년도, 97년도는 조합원이었고, 98년도에 대의원, 99년도에 대의원, 2000년도에 수석대의원, 그리고 2001년도부턴가 2003년도부턴가 그때부터 체육부장을 하게 된 거죠.

작가 그럼 평소에 문화부장으로서 하는 일은?

정용일 투쟁 시기가 아니고 평상시엔 상집* 회의. 조합 일정 따라다니고. 평소에는 별로 그렇게 할 일이 없고, 투쟁 때는 할 일이 많죠. 727 때는 대의원이었어요. 대의원이었다가 상황실장으로 바뀌면서 정말 할 일이 많았죠. 그때 얘기해드릴까요? 23일, 아니 22일인가. 지회장님이 와서 나한테 상황실장 한번 해볼 의향이 없냐고 물었어요. "상황실장이 뭔데요?" 물었더니 "그냥 일지 정리하고 일정 처리 정도 하면 돼요." 그러더라구요. "잠시만요." 와이프한테 전화해서 물어보고 (전화를 걸었다가 끊는 시늉을 하며) "네, 할게요." 그랬죠.

작가 뭐라고 안 해요? 아내는?

정용일 암말 안 해요. 관심이 없는 게 아니고 터치를 안 하는 거죠. 뭐든지 다 허용하고 믿어주는 그런 거. 내가 얘기하면 "알았어. 해봐." 그러죠. 솔직히 그런 말은 했어요. 무노동 무임금이라 돈 못 받을 수도 있다. 상근으로 올라와서 사무장 보조 역할도 하고. 일정도 조율을 하는 거죠. 일인 시위도 있었어요. 한 시간씩 돌아가면서. 내가 일정 짜주고 했어요. 하루 일정에 대해서 뭔 일이 있었는지 정리하는. 26일 저녁 5시까지는 정말 그 일만 했어요.**✖✖** 용역이 투입됐던 그날도 올림픽 축구하는 날이었을 거예요. 26일 밤에. (올림픽인지 월드컵인지 기억해내려고 노력하다가) 국가대표급 축구였어요. 5시쯤 되니까 저녁 먹고 대책위…… 그러니까 이제 상집 간부들이 쭉 빠져나가더라고요.

그 시각 김영호 SJM노동조합 지회장은 용역들이 상암경기장으로 집결한다는 첩보를 입수하고 간부들을 민주노총 안산지부로 소집했던 것이다.

✖ 상무집행위원회를 말한다. SJM노동조합은 '임원'으로 지회장, 수석부지회장, 부지회장 3인, 사무장, 감사 2인이 있다. 여기에 '상무집행위원'들로 조직실장, 조직1~3부장, 교육부장, 선전부장, 문화부장, 노동안전1·2부장, 대외협력부장, 총무부장, 정책기획부장, 법규부장, 여성부장이 있다. 그 밖에 지도위원과 고문도 두고 있고 '대의원'을 부서별로 두고 있다. 부서는 부품반, 조립반, 성형반, 생기반, 공무반, 제관/용접반, 공작반, 성형/생기반, GIS반, 식당/자재반, 사무실(관리직)이 있다.

✖✖ 727이 다가오면서 회사에는 긴장이 감돌고 있었다. 회사 측 분위기가 심상치 않았던 것이다. 노동자들은 설마 우리 회사는 아니겠지 하면서도 다른 회사에 용역이 투입됐다는 얘기가 남일 같지만은 않았던 것이다. 용역이 투입된 727 당시 SJM 노동조합은 전면파업 중이 아니었다.

정용일 저는 8시에 퇴근한다고 하고 나갔어요. 집에 갔는데 정말 피곤한 거 예요. 잠도 못 잤으니까. 씻고 잤는데 11시엔가 전화가 왔어요. 상집 간부 중에 한 분이, 빨리 뛰어 들어와라. 무조건 달려오라는 거예요. 들어와 보니까 분위기가 심상치 않은 거예요. 용역 깡패들이 우리 회 사에 들어올 가능성이 있다. 나도 짐작이 불길한 거죠. 통화를 하는 데 2시 40분 정도에 경찰차 인솔하에 용역을 태운 버스들이 화랑유 원지 쪽으로 가더라는 거예요. 화랑유원지에 연락을 했더니 새벽 3시 못 됐을 거예요. 지금 화랑유원지에 모여 있다고 연락이 왔어요. "어 떤 사람은 최종 점검해라." "진짜 우리 회사냐." 정말 긴급하게 돌아갔 어요. 4시 정도 되니까 연락이 왔어요. 얘들이 반월공단 안으로 들어 온다. 조합 사무실에 있다가 정문 후문 왔다 갔다 하면서, 4시 20분쯤 되니까 용역들 소리가 다 들리는 거예요. "후문*에 있다." "긴장하고 있어라." 용역들이 후문을 못 뚫으니까 정문으로 들어오는 거예요. 우 리는 거기 1층에 있다가 빠져나와서 2층으로 올라간 거죠. 의외로 얘 네가 빨리 뚫고 들어온 거예요. 정문은 우리가 막을 수 있을 것 같았 는데. 새벽 날 샐 때까지는 버틸 수 있지 않을까, 우리 딴에는 생각했 는데 너무 빨리 치고 들어온 거죠.

작가 못 버텨요. 걔네는 훈련받은 애들이라서.

✱ 용역들이 들어온 SJM 1공장은 정문과 후문으로 진입로가 나뉘어 있다. 정문보다 후문이 훨씬 좁다. 그렇지만 버스가 진입로를 따라 오면 후문에 먼저 도착하도록 되어 있다. 그래서 용역들이 후문으로 먼저 들어가려고 했던 게 아닐까 싶다. 용역들은 후문에 이어 정문 진입도 가로막히자 후문과 정문 사이에 있는 담장을 넘어서 공장으로 들어왔다. SJM의 담장은 매우 낮아서 성인 남자가 가뿐히 넘을 수 있는 정도다. 용역들이 공장 안으로 진입하자 조합원들은 공장 2층에 있는 사무실로 피했다. 1층에서 2층으로 올라가는 좁은 계단은 좌우 양쪽에 하나씩 가운데 하나 모두 세 개뿐이어서 방어하기에 좋았다. 용역들은 2층으로 진입하는 게 어려워지자 현장에 있는 벨로우즈, 인터로크 등 쇠붙이로 된 부품들을 집어 던지면서 올라왔다.

정용일 운동했던 애들이에요. 아는 사람에게 물어봤더니 자기랑 같이 운동
했던 후배들이라고 하더라고요. 유도. 운동하다가 그만둔 애들. 급조
한 애들인 거죠. 등빨 있으면 밀리죠. 2층에 올라가서 한 시간은 버텼
어요. 용역들이 벨로우즈 막 던지고. 저는 티 안 나게 다쳤어요. 마지
막 후퇴할 때 빠져나가는데 애들이 계속 몽둥이로 치고 나오는 거예
요. 계단에 퇴로가 없는 거예요. 계단에서 바리케이드를 타고 넘는데
깡패가 친 거예요. 계단에서 뒤로 넘어져 잘못했으면 뇌진탕으로 죽
을 뻔했어요. 2층에는 벨로우즈 등이 막 날아오고. 채증하는 사람들,
조합원들 흥분된 거 가라앉히고. 조합원들 다 나가고. 나, 투사라고
했잖아요. (흥분해서) 분해가지고 못 참는 게…… 기록을 해야 하는데
싸우고 싶은 그런 마음이 굴뚝같은 거예요. (분을 참지 못하며) 이게
와……. 지금도 이거 하나 때문에 나서질 못했다는 게…… 그 상황에
서 일지 정리 안 하고 나도 싸웠더라면…….

작가 그걸 어디서 정리하셨어요?

정용일 시간 체크하면서 모든 상황을 기록한 거예요. 솔직한 얘기로 그 기록
때문에 나중에 경찰들도 빼도 박도 못한 거고. 그 기록 때문에 기자
들도 쉽게 보도할 수 있었던 거고.

작가 이 기록이 굉장히 중요하네요.

정용일 용역 깡패가 들어온 4시 25분부터 우리가 쫓겨나간 6시 50분까지가.
이 사이가 저한테는 울분이 터지고 화가 나는 시간이었어요. 내 심리
를 막 뒤죽박죽해놓은. 만약 내가 이걸 집어 던지고 나가서 싸웠다면
이런 기록이 하나도 없을 테니까 밖에 나가서 아무 말도 못 할 거고.
만약 멀쩡히 보기만 하면서 기록만 했다면 형들이 맞는 동안 나는 뭐
했나, 죄책감이 남았을 테고. 형들은 앞에서 막 벨로우즈 맞고 그러는
데. 하아아. 그런데도 나가면서까지 내가 종이를 절대로 안 놓치고 있

더라고요. 용역 깡패들한테 맞으면서도 끝까지 종이는. 맞으면서도 종이를, 그때는.

작가　종이는 어디에?

정용일　손에. 이건 지켜야 한다. 마지막에는 용역 깡패가 2층까지 올라와서 바로 대면하게 됐어요. 내가 종이를 들고 있었어요. 그때 빨간 모자 쓰고 있어서 완전히 눈에 띄어서, 용역 깡패 한 놈이 "저놈 잡아. 저거 종이 뺏어야 돼." 해서 도망치는데 한 놈이 끝까지 쫓아와가지고 맞아서 계단에서 떨어진 거예요. 이게 종이 파일이잖아요. A4용지를 받침대에 끼워서 쓰던 건데 한 손에는 받침을 쥐고 또 한 손에는 볼펜을 쥐고 있었으니까 땅을 짚을 손이 없잖아요. 그러니까 그대로 넘어진 거죠. 이렇게 쥐고 나간 거예요. 볼펜이랑.

정용일은 종이와 볼펜을 양손에 나눠 들고 두 팔을 펼쳐서 보였다. 그 자세로 떨어져서 넘어지면서도 손으로 땅을 짚지 않았던 것이다. 종이와 볼펜을 놓치지 않기 위해서.

작가　그 순간에도 이걸 놓으면 안 된다고 생각해서……. 장난 아니다. 완전 SJM의 영웅인데요.

정용일　근데 조합원들 그거 몰라요.

정용일, 웃는다.

작가　제가 이거 서문에 쓸게요.

두 사람, 웃는다.

정용일 인터뷰하면서도 울분이 터지는 거예요. 내가 이거 하나 지키려고 했다는 자부심도 있지만 뭔가 모르게 아쉬움이……. 조합원들은 다 맞고 피 터지고 입원하는데 나는 이거 하나 지키느라고……. 그런 거보다는 조합원들을 더 챙겨야 했는데 하는 그런 아쉬움.

정용일에게 기록의 기준이 뭐였는지 궁금해졌다. 무엇을 적고 무엇을 뺄지 결정했던 기준은 무엇이었을까.

정용일 기준은 없었어요. 기록지 보시면 알겠지만 기본적인 시간대 그리고 내가 보는 건 다 적었어요. (생각에 잠긴다.) 내가 기준으로 한 거는 조합원, 내가 바라본 시선들, 급박하게 변한 것들, 몇 시에 용역 깡패가 올라왔고, 몇 시에 누가 쳤고, 뭐에 다쳤다, 그런 것들. 부상자 몇 시에 부상당했다, 그런 것들. 기준은 그런 것 같아요. 시간대와 시간대별로 조합원들의 상황, 용역 깡패들의 움직임 상황. 그런 것들을 기록한 것 같아요.

작가 그 순간에 어떤 거는 슥 지나갈 수도 있잖아요. 예를 들면 누가 화장실을 갔다든가. 그런 건 기록을 안 했을 거 아니에요.

정용일 기록은 안 했는데 보긴 했어요. 가령 용역 깡패와 싸울 형님이 아닌데 용역 깡패한테 의자를 집어 던지고, 그런 거는 봤어요.

작가 그건 왜 기록 안 했어요?

정용일 (잠시 침묵하다가) 조합원들에게 해가 될만한 것은 기록 안 했어요. 눈으로 보기만 하고. 그걸 뭐라고 표현하죠? 입담? 요즘 책을 안 읽어서…….

작가 입장?

정용일 네. 입장.

작가 제가 듣기로는 조합원들은 전혀 폭력을 쓰지 않은 것으로 알았는데. 조금은 썼네요. (웃는다.)

정용일 못 들어오게 막으려고 의자 집기들. 어차피 이건 다 아는 거니까.

작가 이건 폭력이라고 할 수 없잖아요.

정용일 우린 정당방위라고 하죠. 근데 결정적으로 소화기는 원래 물이 나와야 되는 거잖아요.

작가 소화기를 썼는데 잘 안 됐다면서요.

정용일 다 해봤는데 안 됐어요. 고장이 아닌 것 같았어요. 물이 안 나오게 차단한 거라면 엄연한 불법이에요. 가루 소화기는 불량이 많았어요. 누가 미리 잠그고 갔다고 생각할 수밖에 없어요.

작가 제가 이 책을 쓸 때 어떤 걸 쓰고 어떤 걸 빼야 하는지 고민이 돼요.

정용일 사람들 심리를 움직이기 위해서?

사람들의 심리를 움직이기 위해서. 조금 불편하지만 틀린 말은 아닐 것이다. 내가 관심을 갖는 것은 누락된 것들, 정용일이 그날 기록하지 못했거나 일부러 기록하지 않은 것들이었다. 나 역시 이 책에서 누락하는 것들이 많을 테니까. 의도적으로 혹은 깨닫지도 못한 채로.

작가 누락된 거, 기록하지 못한 것들 중에서 기억에 남는 거 있어요?

정용일 에피소드?

작가 어, 이건 내가 놓쳤다. 근데 되게 중요한 것 같다. 이런 거요.

정용일 용역 깡패하고 조합원들이 싸우는 거는 체크를 했는데, 우리 2층에 올라와 있던 조합원들의 움직임들을 많이 체크 못 했어요. 내가 보면서도 기록을 못 했던 거는……. 2층 사무실 안에서 조합원들이 일심단결해서 뭐 하나 말만 해도 바로바로 움직이는 그런 모습들이 되게

아름다웠어요.

작가　그건 상황일지에는 기록을 못 한 거죠?

정용일　네. 일례로 누가 다쳐가지고 와요. 나는 몇시 몇분에 다쳤다고만 적었지만 그 외적인 거는, 뭣 때문에 다친 건지는. 대충밖에는 못 적었어요. 한 분이 머리가 깨져가지고 왔어요. 왔는데, 여성 조합원이고 남성 조합원이고 모두가 달려와서 피 나는 거 막고 온몸에 피가 범벅된 거 보고 물을 가지고 와서 세수하라고, 피를 닦으라고. 제가 말하지도 않았는데 조합원들이 스스로 움직여주니까 되게 감동먹었거든요.

정용일의 상황일지에 건조한 몇 개 단어로 표현된 기록들은 시어(詩語)처럼 응축된 말들인 것이다. 나는 이제는 눈에 보이지 않고 귀에 들리지 않는 상황과 거기 있었던 사람들을 상상하기 위해서 정용일이 남긴 글자들을 몇 번이고 고쳐 읽어봤다. 이것은 내가 연극 대본을 쓰는 작가이자 연극 연출가로서 종이 위에 쓰인 글자를 가지고 피와 살을 가진 배우들과 작업할 때 늘 하는 과정이기도 하다.

정용일　또 하나는……. 누가 자랑을 하더라고요. (크게 웃으며) "내가 용역 깡패 못 올라오게 의자 던졌어." 들어와서 막 자랑을 하더라고요. 큰 소리로. "내가 용역 깡패 못 올라오게 의자 던졌어." 그런 걸 할 분이 아니었는데 그런 자랑을 하는 게 뭔가 순진해 보였어요. 순박하달까. 자기가 뭔갈 해냈다는 그런 뿌듯함을 얘기한다는, 그게. 또 한 분은 술을 드시고 들어왔는데 술주정을 하시는 거예요. "야, 내가 나가서 다 할게." 옆에서 너 나 할 것 없이 세 명이서 꼭 잡고 있는 거예요. 못 나가게. 나가면 이 사람 맞아 죽는다는 거 아니까. 어떻게든 그분을 붙잡고 있는 거예요.

작가　지금 해주시는 얘기, 쓰고 싶은데. 그분께서 좋아하실지 모르겠지만.

정용일　그런 인간적인 느낌이 되게 좋은데 또 바라보는 시선이 어떻게 되느냐에 따라서 독이 되기도 하고 약이 되기도 하고 그런 부분이 되게 많은 거예요. 갈등도 많고. 재미있고 순수한 부분이 되게 많은데 제가 잘못 표현하면 조합 말아먹는, 조합 이미지 실추시키는 역적이 되니까요. 일례로 이런 것도 있어요. 어떤 분이 이따만 한 소화기를 들고 왔는데, 용역 깡패가 집어 던진 거예요, 그걸 맞았어요. 조합원이. 분이 차니까 복도 앞에 와서 던지려고 하는데 우리가 던지지 말라고 했거든요. 근데 그분이 분에 못 이겨 그걸 다시 던져버리더라고요. 이런 분도 있었어요. 나도 기록을 하고 있어서 누군지 모르겠는데, 날아온 것들(벨로우즈, 인터로크 등)을 챙기더라고요. 이거는 증거다, 하면서.

작가　(웃으며) 그걸 어떻게 증거로.

정용일　어쨌든 사무실 문으로 날아온 거잖아요. 제품들이랑 그거 얼른 증거로 챙기는 거죠.

작가　(웃음을 멈추고) 제 말은 그걸 챙겨서 증거다라고, 그게 날아왔다는 걸 어떻게 보여줘요?

정용일　보여주는 게 아니고. 맞은 거니까 자국이 남아요. 얼굴에 맞으면 자국이 남아요. 얼굴에 맞은 거. 핏자국 묻은 것도 있고. 이런 걸 던졌다. 밑에서 2층으로 날아오니까. 건물 안으로 날아 들어오니까. 복도가 있고 사무실 문이 있고 문틈으로 막 날아 들어와요. 어떤 조합원은 그걸 주워요. 증거 확보한 것도 많아요. 도움이 많이 됐어요. 국회 가서도, 이게 날아왔고 다친 사람들 많다고 증거로 낸 거죠.

실제로 그걸 국회에 가지고 갔던 것이다. 국회까지 올라온 그 부품들을 보고 이게 용역들이 던진 거라고 어떻게 증명할 것이냐 물어볼 사람은 없었을 것 같았다.[*]

정용일   증거자료나 이런 거. 우리에게 이로운 자료들이 많았죠.

정용일에게 계속해서 기록의 기준이 무엇이었는지 물은 건 당시 그가 중요하게 여겼던 것이 무엇이었는지 알면 이 책의 방향을 잡는 데 도움이 될 것 같았기 때문이다. 어떤 '입장'을 가지고 이 책을 쓸 것인가 하는 질문이었다. 정용일처럼 나 역시 조합원들에게 해가 될만한 것은 적을 수 없을 것이다. 하지만 도움이 될만한 내용이라면 정용일보다는 훨씬 더 풍부하게 쓸 수 있을 것이다.

정용일은 상황일지에는 누락했지만 이 책에 꼭 실으면 좋겠다 하는 얘기를 많이 해주었다. 지면 관계로 그중 한 대목만 싣는다. 이 책에서는 이런 대목이 똑같이 중요한 비중으로 다뤄질 것이다.

정용일   9월 24일이 제 생일이에요. 9월 23일 직장폐쇄 철회 공고를 했어요. 9월 24일 가족대책위 형수님들이 깜짝파티를 해줬어요. 내 생일인 건 알았지만 어쨌든 우리 이겼다는 거에 흥분해 있었는데…… 10시 사이엔가 다 나가고 형수님이 와보라고……. 첨에는 눈 감으라고 하길래 설마설마했는데 형수님 여섯 명이서 폭죽을 빵 터뜨리면서…….
작가   이거 상황일지에 기록하셨어요?
정용일   아뇨.
작가   왜?

✖ 2012년 8월 17일 열린 국회 행정안전위원회에서 임수경 의원은 당시 경찰청장을 출석시켜놓고 벨로우즈를 들어 보인 다음 경찰청장과 의원들에게 한 번씩 만져보도록 한다. 그녀는 벨로우즈가 얼마나 무거운지 느껴보라면서, (영상자료를 보면서) "날카롭고 무거운 이 쇳덩이에 맞서서 머리가 저렇게 깨지고 입술이 찢어지는 상처를 입고 있는 우리 국민을 위해서 경찰이 한 일이 도대체 무엇이냐라는 것을" 물어보기도 했다. (제310회 행정안전위원회, 『국회속기록』, 2012년 8월 27일, 23쪽.)

정용일   그걸 기록해야 하나요?

웃는다.

내가 만약 2012년 9월 24일 SJM의 상황실장이었다면 이날의 생일파티를 기록해두었을까? 자신은 없다. 하지만 이 이야기는 용역을 투입한 폭력이 무엇을 빼앗아간 것인지를, 혹은 결코 무엇을 빼앗아갈 수 없었는지를 보여준다. 다음 대목은 또 어떤가.

작가   상황실장 일이 종료된 건 언제였어요?
정용일   협상 마무리되고요. 그러니까 9월 26일 현장에 들어왔으니까. 마지막 일을 내려놓으니까 감회가 새로웠어요. 슬라이드처럼 처음에 일을 맡았던 것부터 들어올 때까지. 내 책상 정리할 때 그 느낌. 정리할 때마다 그때그때 기억들이 새록새록. 야, 이건 이랬었지. 희로애락이 하나하나 지나가면서 감동도 오고 허무함도 있고. 제일 시원한 거는 편하게 집에 들어갈 수 있는 것.

거기 누구냐

///

사람들은 그를 작은 김용기라고 불렀다. 키가 조금 더 큰 사무장 김용기와 구분하려고 그렇게 부르는 것 같았다. 그를 처음 보았을 때 우리 둘째형을 닮아서 깜짝 놀랐다. 짧은 머리 스타일에 검은 얼굴, 앉은 자세까지. 섀시를 절단하다가 공장 마당에 앉아서 물끄러미 허공을 보며 담배를 피우던 형을 보는 것 같았다. 나이도 71년생, 우리 형보다 한 살 어릴 뿐이었다.

다섯 살 많은 형은 밭에 나간 엄마 대신 나를 포대기에 업어서 키웠다. 형은 친구들이랑 놀고 싶어서 어린 나를 업은 채로 뛰어다니다가 엄마에게 혼나곤 했다. 작은 김용기에게도 일곱 살짜리 여동생이 있었다. 그 어린 여자애는 저보다 두 살 어린 막냇동생을 데리고 다니면서 놀았다. 하루는 친구들이랑 옆 동네에 메주콩을 먹으러 가다가 다리에서 떨어졌다. 아이들 먹을 것이 많지 않던 시절 강원도 삼척 오십천에서 있었던 일이다. 김용기도 몇 번이나 빠졌다가 친구들 손에 건져져 올라오곤 했던 물이었다. 동네에서 착하다고 아주머니들 칭찬이 잦았던 어린 동생은 원피스 입고 강가에서 바라보는 사진 한 장으로 그의 가슴에 남았다.

단원고 학생들이 제주도로 수학여행을 떠났던 날 중학생 1학년 막내딸도 수학여행을 떠났다. 처음에 학생들이 사고를 당했다는 소식을 듣고 누가 사고를 당한 건지 몇 학년이 사고를 당했다는 건지 알 수 없어서 가슴이 내려앉았다. 네 아이 내 아이를 따질 것도 없었다. 아들의 중학교 밴드부 선배 중 하나는 세월호에 탔다가 살아서 돌아왔고 또 다른 친구의 형은 끝내 돌아오지 못했다. 어린 김용기가 오십천에 떨어진 동생을 가슴에 묻고 살아왔듯 그 아이들도 그날을 가슴에 묻고 살아가야만 할 것이다.

그는 직장폐쇄 기간에 '망루'에 올라가 있었다. 회사는 바깥에서 안쪽을 볼 수 없도록 컨테이너 박스로 담장을 설치했다. 노조는 공무과 연구소 들어가는 다리 위에 그보다 더 높이 '아시바(비계)'를 쌓아서 초소를 설치하고 공장을 감시했던 것이다. 그는 '최전방'에서 근무했던 셈이다.

그는 아래에서 살아가는 사람들을 보았다. 날마다 길바닥으로 출퇴근하는 동료들을 보았고, 공장으로 일하러 가는 '또 다른 동료'들에게 길을 만들어주는 용역들도 보았다. 일을 마치고 공장을 나서는 동료들은 무척이나 밝게 웃으면서 술 한잔 하자는 손짓까지 보냈다.

하루는 참다못해 친하게 지내던 동료에게 연락을 했다. 고잔동에서 술잔을 마주하고 동료의 입장을 들었다. 그는 친구를 잃고 싶지 않다고 말했고 동료의 이야기도 들었다. 두 사람은 결국 '지는' 쪽이 회사를 그만두기로 하고 술 취해 헤어졌다. 다음 날 동료는 공장으로, 그는 망루로 각자 '출근'했다.

오가다가 마주치면 서로 쳐다만 보고 말은 하지 않은 지 어느덧 3년이 넘었다. 그는 마음을 열고 싶은데 그게 마음처럼 되지 않았다. '그들'도 마음을 열지 못하는 것은 마찬가지였다. 20년 동안 매일같이 인사하고 함께 일하고 퇴근 후에는 술잔을 기울이던 사이였다.

나는 공장을 오가는 동안 가끔 혼자 앉아 쉬고 있는 그를 보았다. 오랫동안 망루 위에 혼자 앉아 있었을 그는 그때 어떤 표정으로 어딜 보고 있었을까.

"거기 누구냐."

셰익스피어의 『햄릿』에서 망루 위 버나도는 객석을 향해 이렇게 첫 대사를 던진다. 오경택 연출은 정보석이 햄릿 역으로 출연한 공연에서 거울을 사용한 적이 있다. 거울에 대고 "거기 누구냐." 하고 묻는 것은 "너는 누구냐."라고 자신에게 묻는 것이라고 했다.

깡패들이 우리 회사에
쳐들어온다는데
우리가 왜 나가요?

// **박선심 이야기**

57

2012년 7월 26일 밤 11시 50분, SJM 노동조합 집행부는 퇴근을 하려고 옷을 갈아입은 노동자들을 불러 모았다. 저녁부터 회의를 했지만 결론을 내리지 못한 고민을 털어놨다. 오늘 밤 용역 깡패들이 우리 회사를 칠 것 같다, 집으로 돌아갈 것인가, 여기 남아서 기다릴 것인가. 집행부는 조합원들이 당하게 될지도 모를 폭력이 걱정되었기 때문에 쉽사리 결론을 내리지 못하고 있었다. 그런데 그 어려웠던 고민이 한순간 끝나버렸다. 박선심(58) '아줌마'가 "깡패 새끼들이 우리 회사에 쳐들어온다는데 우리가 왜 나가요?"라고 외쳤던 것이다. 그날 그들은 그 한마디에 그 자리에 남았고, 다음 날 새벽 공장으로 진입한 용역들과 맞섰다. 박선심은 어떤 사람이기에 그날 그 한마디를 했던 것일까. 그날 했던 말을 지금은 어떻게 생각하고 있을까.

작가 제가 만나고 싶었던 이유는 2012년 7월 26일 밤 11시 50분에 조합원
들이 모여 있을 때 지회장님이 회사에 남아 있을 거냐, 아니면…….

박선심은 얘기를 꺼내자마자 어깨를 움츠렸다.

박선심 지금도 그 생각을 하면 소름이……. 집행부가 퇴근하려는 조합원들

한테 얘기 좀 하자고. 오후조였잖아요. 그래서 일을 끝내고 카드 찍고 집에 가야 하는데 안 찍었어, 11시 50분까지. 퇴근하지 말고 잠깐 현장에 모이자고 한다고. 전혀 몰랐어요. 왜 잠깐 모이라고 하지? 아줌마들은 진짜 모르잖아요. 현장 안으로 들어왔어요. 사람들이 모여 있더라고, 그분들이. 집에를 안 가고.

박선심은 "집에를 안 가고"라는 말을 반복했다.

박선심　다들 집에를 안 가고 공장에 있어야 한다고 생각은 했는데 내가 먼저 말을 했을 뿐이에요. 우리 회사에서 깡패를 불러 우리를 쫓아내려고 한다는데 우리가 왜 나가? 화가 나더라고. 무서운 것을 떠나 분해서. 우리 나가지 말고 현장을 지키자. 다른 사람들도 그 생각을 하고 있었을 거야. 성질 급한 사람이 있듯이. 그 순간은 솔직히 말해서 아무 생각도 안 나고. 만약 집에 젖 먹일 아이가 있었다고 하더라도…….

그 순간 박선심은 무섭진 않았던 것일까? 궁금했다.

박선심　절대 안 무서웠어요. 절대. 순간적으로. 난 안 가고 지킬란다. 황당했어. 이럴 수가 있을까. 배신감이지. 그건 정말 아니었어. 그래서 다 모인 거 아냐.

작가　한마디씩 다 하셨나요? 분위기가?

박선심　오전조들 퇴근하고 잠자는 시간이었잖아요. 오후조 70명하고 나중에 바깥에서 들어온 분들하고 해서 대략 150명. 아줌마들이 정문에서 현장에 들어왔을 때는 착 가라앉아가지고, 황당해가지고.

작가　저는 그냥 혼자 생각에 무섭지 않았을까…….

박선심 아냐. 무서우면 집에 가야지. 깡패가 쫓아온다는데. 우리는 절대 회사 를 안 나갈 줄 알았어. 그날 새벽에 쫓겨날 줄 몰랐어요. 매점에 있는 빵 음료수 물 죄다 2층으로 올렸어요. 쌀도 있어야 된다는 생각을 한 거예요.

작가 그러면 용역들이 온다고 해도 때릴 거라는 생각은 안 한 거네요?

박선심 (민망한 듯 웃으며) 그 생각은 안 하고 우리가 안 나갈 줄 알았지. 버티 겠다. 밖에서 용역이 투입된 다른 회사들한테 들은 말이 있잖아요. 다 른 회사 얘기. 오전조들한테도 전화를 돌렸어. 나는 안 했지만. 언니 들도 지금 안 들어오면 회사 못 들어온다. 빨리 들어와라.

작가 안에서 고립될 거라고 생각한 거구나.

박선심 전쟁이 일어날 줄은 몰랐지.

작가 장기간 고립될 거라고 생각해서.

박선심 너그 지금 안 들어오면 못 들어온다. 그런 생각, 나는 그랬어. 깡패들 이 쫓아낸다고. 우리 회사에 들어온다고. 그래서 나는 끝까지…… 사 람들이 아줌마들은 쪼까 들어가 있으라고 하더라고. 아줌마들은 탈 의실에 들어가 있었어. 남자들은 밖에서 대기하고 있는데 내가 잠깐 새벽에 일어났어요. 화장실 때문에 잠이 깼어요. 문 열고 마당에 나가 보니까 남자애들이 땅바닥에, 군인들 훈련받고 앉아 있듯이 딱 앉아 있는 거야. 불도 안 켜고. 근데 애들이…….

작가 바깥마당에?

박선심 바깥마당에 그 애들이 얼마나…….

박선심이 울먹였다. 바깥마당에 앉아 있는 '40대 애들'을 보는데 눈물이 나더라고 했 다. 그들이 어둠 속에서 땅바닥에 열을 맞춰 앉아 있었던 것이다. 출병을 기다리듯. 나 는 이런 대목을 옮기는 것이 조심스럽다. 눈물은 자칫 사람의 마음을 감상적으로 만들고 우는 사람을 동정의 시선으로 바라보게 만들 수 있기 때문이다. 나는 연극 연출 작업을 할 때도 배우들이 눈물을 흘리면 가급적 눈물을 겉으로 드러내지 말아 달라고 부탁한다. 눈물보다 '떨림'이나 '정적'이 도리어 사람의 마음을 움직일 때도 있다. 박선심은 말을 잇지 못한 채 잠시 정지해 있었다. 나는 펜을 쥔 손을 조심스럽게 내려놓고 그녀의 눈을 보았다. 그녀의 눈동자에 비친 내가 떨리고 있었다.

박선심 탈의실로 돌아와서 "언니, 애들이……. 언니 빨리 일어나봐." 그러고 나는 마당으로 다시 갔어. 가봤어. 그랬더니 애들이 "아줌마 빨리 들어가세요, 아줌마 빨리 들어가 계세요." 그래요. 차 한 대가 미행하는 거 같대요. 아줌마들 다 깨고 남자들은 밖에 나가 있는데. 중간중간 하는 말이 깡패들이 우리 회사로 오고 있대요. 나중에 얘기 들으니까 애들이 맨손으로 발발 떨었대. 손에 아무것도 안 들었는데 용역들이 무장하고 온다고 발발 떨렸대, 즈그도. 무서웠지. 마당에 모여 있는 애들 보는 순간 무섭더라고. 지킵시다, 할 때는 안 무서웠어. 근데 애들을 보는 순간 아아 깡패가 오는갑다, 무섭더라고요. (사이, 그때를 떠올리며 다짐하듯) 절대 안 나가지. 안 나가고 말고. 하나도 안 나갔어. 남자고 여자고. 퇴근한 사람들도 빨리 들어와라. 들어왔는데 (지금도 놀란 듯) 어머, 진짜 깡패가 오고 있어. 왔다 갔다 해. 문을 닫았더니 화단 여기까지 들어왔어. 이렇게 커가지고 시커메가지고 곤봉 들고 모자 쓰고 난리가 아니었어. 그 순간은 무섭드만.

작가 맞진 않았어요?

박선심 내려오라고 소리를 지르더구만. 방송을 해. 근데 잘 들리지도 않아. 우리는 2층이니까. 우리는 방송을 안 하는데 즈그는 스피커로 얘기를 하드만.

작가 진짜 무서웠겠어요.

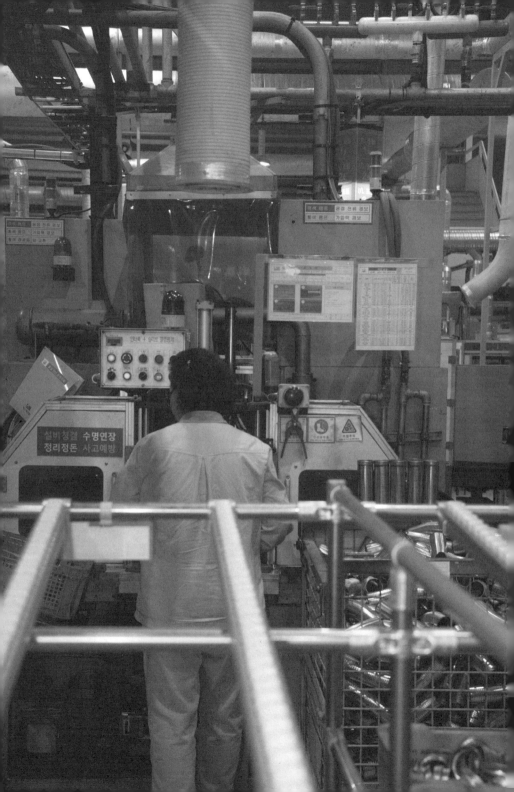

박선심 (목소리가 착 가라앉아서) 맥 빠져요. 깡패는 깡패야. 막대기를 막 이러고 다녀. 막 휘젓고 다녀, 우리를. 무섭다니까. 문을 막 열라고 그래. 느그 빨리 나오라고 그래. 막고는 빨리 나오라고. 일방적으로 때려버리더만. 아줌마 셋이 먼저 나왔거든. 저기 아주머니들은 때리지 말라고 하디라고.

작가 누가?

박선심 깡패들이. 뒤늦게 그러더라고. 다른 언니 보고 "잡어, 잡어." 그러더라고. 그러니까 한 놈이 "보내, 보내." 그러더래. 나와서 보니까 사람들이 있더만. 내가 첫 스타트로 나왔더구만. 내가 나왔을 땐 이미 문이 열려 있었어. 이미 깡패들이 다 쳐올라와버렸어. 문이 다 열려서. 문을 파아악 여니까 우리가 밀려 이제. 그래서 "때리지 마세요, 때리지 마세요." 그랬거든. "아주머니들은 나오세요." 이거로 때려버려 인정사정없이. 피가 넝쿨덩쿨. 아줌마들은 안 맞았어. 안 맞았는데 남자들 피 터지는 소리……. 박종숙 아줌마가 제일 늦게 나왔더만. 나는 일찍 나왔기 때문에 터지는 것을 못 봤는데 박종숙, 이원숙 그 언니들은 우리 애들 무자비하게 때리는 것을 다 봤어.

박선심은 그때 상황이 떠오르는 듯 놀란 눈으로 말했다. 시간 순서가 뒤죽박죽 왔다 갔다 하는 것이 당시 혼란스러운 마음을 고스란히 전했다.

박선심 우리 회사 벨로우즈는 칼이에요. 던지기에 참 좋게 되어 있어요. 그놈 가져다 던지면……. 아주 남자들 잡기 좋지. 그걸로 휘파람 불면 쉬익 쉬익 귀신소리 같은 소리가 난다잖아. 그걸로 얼굴 맞은 거 아녀. 거기에 입술을 맞아서 언청이가 된 거 아녀.

박선심이 벨로우즈에 맞아서 '언청이'가 되었다고 말한 사람은 조동주였다. 조동주는 다행히 성형수술이 잘되어서 지금은 큰 티가 나지 않는다.

박선심 (생각에 잠겨 있다가) 어차피 나는 그래. 회사가 그랬다고 해도 지금은 다시 들어와서 일을 하니까 이런 얘길 굳이 책으로 내야 하나 싶었는데…… 다음 세대에 남기기 위해서 그러는 것 같아요. 그래서 있는 그대로 말하는 것도 괜찮을 것 같아. 우리 회장님이 실수한 거는 안 됐지만…… 이건 안 되잖아요.

작가 자료로 남겨서.

박선심 회장님이 이거는 아니었어. 우리는 오래됐어요. 다들 양심껏 일해요. 여기는 개인의 자기 물량이 있어. 세 사람이 일을 해도 한 사람이 몇 개 할당이 있어요. 일이 안 되면 생산 물량을 글로 써서 기록해가면서 어지간하면 자기 물량을 하려고 생각을 해. 웬만하면. 옛날에는 세 명이 벨로우즈 840개를 생산했거든요. 회사에서 자동화를 해서 기계를 다시 제조했잖아요. 1760개 그렇게 해요, 세 명이서. 진짜 일들을 열심히 하더라고. 우리 3공장 사람들이 눈물을 글썽이면서 그러더라고요. 우리 회장님이 '성진타워'를 지어가지고 우리 한 가족처럼 살자, 그렇게 해서 그 힘들 때 바람막이도 없는 데서 열심히 일을 했는데, 집에도 안 가고. 그랬는데 지금에 와서 진짜 회사가 힘들다면 돈 쪼까 덜 올리고 월급을 안 받더라도 누가 쫓겨나고 싶어요? 그리고 우리 회사는 진짜 바쁜 라인은 부분파업을 해요. 완전 파업은 거의 안 해요. 순리적으로 하거든요. 말만 그렇지. 내가 보기에는 조합원들이 인정사정없이 파업이나 하고 그렇게 몰상식하게 안 해요. 회사가 있어야 한다고 생각하니까. 절대 남일 하듯이 안 하지. 그래도 회사가 있으니까 내가 벌어먹고 있다, 이렇게 생각하지. 봐서 알겠지만 지금은 젊은 애들이 많잖아요. 저는 쉰여덟이에요. 현장에선 여자 중에 나이가 제일 어려요. 4년 있으면 현장 아줌마들 다 나가요. 그런데 제일 불안한 거는 회사에서 정년까지는 벌어먹을 수 있을까, 정년까지 일을 마칠 수 있을까……. 사람 속 모르잖아요. 진짜 막말로 저희는 애들 나 여의었잖아요.

작가   여의어요?

박선심   결혼시켰다고. 딸 하나 아들 하나. 딸은 ○○은. (공책에 딸 이름을 적자) 이름은 왜 써?

작가   책에 쓰진 않을게요. 몇 살?

박선심   서른여섯. 아들 있어요. ○○. 이름은 쓰지 마세요. 결혼은 했어요. 여기 다른 언니들도 다 결혼을 시켰어요. 다시 한 번 회사가 치고 들어오면 우리는 못 들어온다고 생각해요. 이런 식으로 안 치겠지. 그런 불안함도 많이 갖고 있지. 그때는 운이 좋았고 시대를 잘 만나서 들어왔는데, 앞으로는 이런 식으로 회사에서도 안 할 것이고 한번 나가면 못 들어올 것이고, 그런 마음을 갖고 있어요.

박선심은 자신과 아이들의 이름을 반드시 가명으로 처리해달라고 부탁했다. 내가 몇 번이고 설득해서 박선심의 이름은 실명으로 쓰기로 했다. 그녀는 "괜찮을까?" 몇 번이나 다시 확인했다. 책에 들어갈 원고를 보여줬을 때도 그녀가 가명으로 해달라고 해서 나중에 다시 전화를 걸어 설득했다. 그녀는 나를 믿고 자신의 이름만은 책에 적기로 했다. 나는 그녀가 자신의 이름을 밝히는 일을 두려워하면 안 된다고 생각했다.

작가   그러면 이후 정년퇴직하기 전까지 회사에서 한 번 더 칠 수 있다는 그런 불안감을 갖고 있어요?

박선심   정년 멀지 않았다…… 나까지는 다니겠지…… 너까지도 다니겠지.

작가　　저는 이겼다고 생각해서.

박선심　아냐, 아냐. 회사 하는 것이 안 그래요. 듣기로는 어디 땅 보러 다닌다는 소문도 있고.

작가　　(사이, 공책을 보다가) 이거 자녀들 이름을 정말 쓰면 안 돼요?

박선심　이름은 쓰지 말아요. 자녀가 있다고만, 그냥 두 자녀가 있다고.

작가　　저는 이 책이 노사관계가 좋아지는 데 도움이 되길 바라고 있어요. 회사에서 읽어도 도움이 되길…….

박선심　그렇지, 그렇지. 용역 깡패를 쓴 게 어떤 거였는지 알려주고 싶은 마음도 있어요. 법원에서도 그렇게 말을 하고. 회장이 아들에게 회사를 물려주는 과정에서 노조가 너무 강하니까……. 부모 마음은 다 그래. 내 자식 편하게…… 부모 마음은 다 똑같은 거잖아요. 회장님이 물러나고 아들을 사장 자리에 앉히려는 과정에서 너는 나가고 너는 들어오고……. 회사에서 얘는 내보내고 얘는 데리고 있을 애. 우리가 속엔 안 들어가 봤지만, 그런 식으로도 회사가 했을 거란 말이에요. 그런 의심들이 있었죠.

사이.

작가　　그러면요. 쫓겨난 날 자녀분들 놀라지 않았어요?

박선심　울면서…… 집에를 못 갔어요. 옷에 소화기 가루가 묻어부러 가지고 거지 꼴로 정문에서 구호 외치고 있다가……. 안 되겠어. 있어야 쓰겠더라고. 아들한테 전화를 했지. 엄마를 데려가라고. 애들이 놀란 정도가 아니고. 엄마 회사를 진짜 자랑스럽게 생각하고 살았는데……. 엄마 회사가 왜 직원들을 쫓아내려고 하냐고. 부자 회사잖아요.

작가　　매출이 천억이 넘던데요?

박선심   회장님이 아들 물려주는 입장에서 맘에 드는 사람만…….

박선심은 '부모 마음'이란 말을 반복했다. 회장의 마음을 이해할 수 있다는 것이다. 부모의 마음은 다 같은 거니까……. 이 이해심 많은 '아줌마'는 59일의 직장폐쇄 기간을 도대체 어떻게 견딘 것일까.

박선심   저기 뭐야. 우리 지회장님 진짜 똑똑해. 우리 지회장님이 참 잘하셨어. 조치를 잘했어요. 부지회장, 사무장도 야무지고. 어쩌면 그렇게 그 시기에……. 우리 어차피 쫓겨났지만 멋지게 힘 있게 굵게 진짜 저 새끼들 이길 수 있다. 쫓겨났을 때 밖에서 먹고, 출퇴근 시간조가 있었어. 일곱 명이면 일곱 명. 투쟁조, 희망조. 몇 명씩 조를 짰어. 전화로 카톡방 만들어가지고…… 꽤 멋졌어. 밥 먹는 것도 반찬 따위 누구 하나 반대한 것도 없고. 민주노총 안산지부 사무실 있잖아요. 우리가 하늘만큼 덕 봤어.

작가   하늘만큼?

박선심   덕을 봤다고. 에어컨도 에어컨이지만 거기가 있어서……. 그해 유독 비도 많이 오고……. 두 달 동안 오전 오후 투쟁을 계속한 거야. 나는 지금 제일 분한 게 그러고 있을 때 그 자식들한테 아무도 욕을 안 해요. 내가 욕을 해버릴 것인데. 그렇게 착했다니까. 정문 후문 길을 다 들어가게 해줘. 길을 만들어줘. 엑스 자로. 왜 저런 애들 욕 한 자리도 못하고 그러고 있었나 몰라. 출근할 때 우리가 서 있어. 그러다가 바깥에서 경비실 쪽문에서 식당에 밥 먹으러 가는 거 볼라고. 보는 거야. 문틈에서. 쥐구멍 쳐다보듯이 보는 거야. 지금 뭐 하고 있다. 다 본 거야. 바깥에서 보고 있으면 그 안에서 삼겹살 파티 하고 일하고 밥 먹으러 가고, 즈그끼리. 비조합원들. 깡패들은 바깥에 앉아 있고

서 있고. 깡패들이 여기도 있고 저기도 있고.

작가　삼겹살 파티 하고 그랬어요?

박선심　삼겹살 사가지고 와서 즈그끼리.

작가　그럼 그때 직장폐쇄 동안 출퇴근하는 사람들 표정은 어땠어요?

박선심　자신만만하죠. 미소를 지으면서 차에서 내려요. 비꼬더라니까.

작가　제가 보진 않았지만 그거 자체가 뒤틀린 마음이었다는 생각이 드는
데, 실제로는 어땠어요?

박선심　아니. 당연한 것 같았어. 즈그가 이긴 줄 알았다니까요. 그들은 자신
있었고 우리는 거지 같았어요. 웃으면서 출근버스에서 내려요. 어차
피 당신네는 못 들어온다. 그런 생각을 갖고 있더라니까요.

작가　말을 하진 않았어요?

박선심　출근할 때 할 말이 없지. 말은 안 했어.

박선심은 그 시간을 견디기 위해 먼 거리를 걸어본 적도 있다고 했다.

박선심　한번은 내 자신한테 인내를 주기 위해서, 내가 집이 시흥시거든요, 서
안산 톨게이트 있는 데. 한번은 걸어왔어요. 1시간 50분? 내가 자신
한테 끈기와 이길 수 있다는 집념을 주기 위해서 혼자 걸었어요. 두
시간 먼저 인났지요. 6시 못 돼서. 한참 걸어오니까 건널목 있는 데 3
공장 아저씨가 있어. 그이는 성포동에 사는데 신호등에 서 있어. 그
먼 데서, 성포동 단흥 있는 데서 걸어오는 중이라 하더라고. 그게 이
살라 하는 의지, '아 나 혼자만의 것이 아니었구나. 걸어봐야겠다.' 이
런 생각이 들더라니까. (사이) 59일간 직장폐쇄 기간에 다 자기 조가
있는데…… 한번은 장난을 친 거야. 다 왔는데 한 사람이 안 왔어. 친
구 하나가 안 왔대. 거짓말 친 거지. 회사로 들어가 버렸다고. 아침에

왔는데 체크하는 사람이 전화를 했더니 "나 회사 들어왔다." "형 정말
요?" 세 번을 물어봤대요. 세 번을 다 "회사 들어왔어." 그랬대요. 엄
마…… 그 사람이 들어갔으면 누구도 끌고 들어가고 많이 들어갈 건
데……. 기가 막혀가지고 나도 얼처구니가 없어서 황당해가지고 기
절할 정도야. 그런데 그때 들어온 거 있지. 이종봉.

작가　　벙?

박선심　봉.

작가　　보? 한번 써주세요.

박선심은 그날 아침이 생각나는 듯 그 반가운 이름을 소리까지 내가며 썼다.

박선심　이.

작가　　…….

박선심　종.

작가　　…….

박선심　봉.

나는 그 이름 석 자를 무심히 읽어보았다. 잠깐 동안 천국과 지옥을 오가게 했다는 이
름 석 자였다. 그때 그들은 한 사람만 빠져도 세상이 무너지는 것 같았다. 서로에게 단
단히 의지하고 있었던 것이다.

박선심　우리 조는 아수라장이었다니까.

작가　　배신감?

박선심　뭐라 그러는지 알아요? "너 2분 사이에 우리 식구들이 어쨌는지 아
　　　　　냐?" 했더니 다리 아픈 친구가 하나 있어요. 걔가 들어가자고 했나

봐. 그렇게 들어가자고 했나 봐. 그래서 종봉이가 "너 들어가자고, 한 번만 더 들어가자고 하면 다리를 부러뜨린다." 했대. 안 들어갔어. 못 들어갔어.[*]

직장폐쇄와 함께 용역이 투입된 첫날부터 회사 측에 섰던 노동자들이 대략 50명이었고 바깥에 같이 있다가 안으로 들어간 사람들도 있었다. 27일 당일에 들어간 사람도 있었고, 28일에 들어간 사람도 있었다. 휴가기간 마지막 날이었던 8월 5일에 한 명. 이런 식으로 일주일에 한 명씩 회사로 복귀했는데, 한 사람이 복귀할 때마다 바깥에 있는 사람들은 가슴이 철렁 내려앉았던 것이다. 그렇게 직장폐쇄 기간 동안 회사로 복귀한 사람은 모두 아홉 명이었다.

박선심　그날 밤 내가 전화를 했잖아요.

작가　아들한테?

박선심　112에다. 정신이 없어서. 무서워서.

작가　새벽에 신고한 분이세요? 경찰들 대충 넘어갔잖아요.

박선심　(놀란 듯) 어머, 창문으로 내려다보니까 세상에…… 여기는 깡패들이 많지, 바깥에서는 소리를 질러대지. 나도 모르게 112에 전화를 했나 봐. 전화한 기억도 안 나. 제대로 전화를 하긴 했나 봐. 받더라고요. (전화를 하는 시늉) "안산 반월공단에 있는 SJM인데요. 깡패들이 쫓아 들어와갖고……." 그랬더니 경찰들은 이미 다 알고 있었어. 반응이

---

[*] 김활신과 박창길에 따르면 SJM "조합원들은 모두 조직가였다. 조합 간부들이 아닌 조합원들이 스스로 서로를 격려하며 조직하였다. 강둑의 조그만 구멍이 결국 강둑을 무너뜨리듯이 조합원 한 사람의 흔들림이, 한 사람의 회사 복귀가 조합원 전체를 무너뜨린다는 것을 조합원들 모두 알고 있었기에 스스로를 위해, 조합원 전체를 위해, 더 단단하게 어깨를 걸었다." (김활신·박창길, 「용역폭력·직장폐쇄와 노동조합의 대응 : SJM 노동조합의 사례를 중심으로」, 미발표. 이 원고는 이 책의 집필을 위해 제공받았음을 밝힌다.)

그러드라고. "어디요, 어디요?" 막 그래. "알았어요. 알았어요." 대답만 하고 안 오는 거야. 전화를 하면 바로 오는 느낌이 아니고. 그냥 형식적으로 전화를 받더라고. 두 번인가 했던 거 같아.

SJM 727 폭력사태를 인터뷰하는 내내 세월호 참사 당시 바깥에만 머물면서 배 안으로 진입하지 않았던 해경의 행태가 떠올랐다. 2012년 727 당시 경찰은 폭력사태가 일어나고 있는 현장에 도착해서도 안으로 들어가기는커녕 바깥에서 수수방관했다. 경찰은 논란이 일자 경비업체에 가로막혀 현장에 진입할 수 없었다는 핑계를 댔고, 담을 넘어오던 노동자들 얼굴 등에 피가 나는 것을 보고 무슨 일이 일어난 것인지 사측에 물어봤더니 사측 이사가 이미 상황이 끝났다고 했다는 변명만 늘어놓았다.

박선심은 웃을 때 어린애처럼 해맑았다. 나는 그녀의 어릴 적 모습이 궁금해졌다.

작가 어렸을 때 얘기 좀 해주세요.

박선심 고향은 해남 바닷가. 대흥사가 가까웠어. 스무 살까지는 살았던 것 같아요. 서울 와서 결혼했지. 58세. 개띠. 그러니까 이렇게 나서지. (해맑게 웃으며) 것두 2월 1일 초하룻날 나와가지고. 엄마, 아부지, 6남매. 2남 4녀에 둘째. 부모님 돌아가시고. 20년도 넘은 것 같아. 엄마는 15년, 아버지는 20년 넘었지.

작가 해남은 가본 적이 없어요.

박선심 별로 안 좋아. 시시해. 볼 게 없어, 내 고향.

작가 그러면 아버지는 어부셨어요?

박선심 배는 없고. 게 잡아다 먹고 굴 까다 먹고. 농사지었지 뭐. 시골에서. 아가씨 때. 벼, 고구마 많이 심어서 먹고. 우리는 바다가 가까워도 바다 일은 안 했어요.

작가	어릴 때 바닷가에서 뛰어다닌 기억은 있으세요?

박선심 수영을 배울라고 달밤에 다라이하고 바케스 가지고 친구들하고. 근데 수영을 아직까지도 못 배웠어. 그 친구들 지금도 만나요.

작가 그럼 그 친구들이 직장폐쇄 때 왔어요?

박선심 친구들은 지지 방문 안 오고. 퇴직한 언니들이 수박 사갖고 여름에 들르고 그랬어요. 그리고 우리도 퇴직해도 SJM 잊지 않고 파업기간이나 그럴 때 방문하겠노라고 약속했어. 아줌마들이 얼마 안 돼도 나름대로 식사 같은 거 잊지 않고. 일하다가도 잠깐씩 잔농 있잖아요, 그러면 밥을 먹어야 되니까 반찬 국 다 만들고 저녁에 밥 먹으라 그러고 우리는 퇴근하는 거야.

작가 그러면 수영은 못 배우고? 중학교는?

박선심 안 갔어요. 쭉 농사짓다가 서울 와서 이모 집에 가 있다가. 스무 살 때. 중매를 해서 스물하나에 지금 남편을 만났어요. 고생을 많이 했어요. (웃는다.) 신랑이…… 시력이 안 좋으니까 40대 때부터 경비를 하는 거예요. 그때 생각에 '아아, 남편이 경비를 하니까 애기들 납부금 나오는 회사를 다녀야겠다.' 했지. 회사를 몇 군데 옮겼어. 한 회사를 갔는데 문짝 만드는 회사. 먼지가 너무 많아가지고 이건 아니다 싶어서 나왔어. 다른 회사를 가니까 거기는 냉장고에 들어가는 부품을 만들더만. 정수기에 물 먹으러 갈 시간도 없이 일을 시켜. 오줌 마려워도 못 가고. 그래 갖고 친구랑 나랑 회사를 알아보러 다닌 거야. 그때만 해도 날씬하고 고왔지.

작가 지금도 고우세요.

박선심 근데 이러고 있어. (웃는다.) 면접을 보러 가면 아주머니들은 너무 젊고 위험하고 냄새나니까…… 이러면서 안 시켜줘. 다른 회사 면접 보러 갔더니 식당 아줌마를 구한대요. 식당은 어딘가 모르게 싫었어. 현장에서 일하고 싶다니까 둘이 한번 와보라 그러더라고. 친구랑 나랑 둘이 면접을 보러 갔어요. 서서만, 노상 서서만 해야 하니까 너무 힘든 일이죠. 친구는 "나는 안 다닐래." 하고, 나는 애기들 납부금 나온다고 하니까 힘들어도 여길 다닐란다…… 93년 7월에. 그렇게 다닌 지가 벌써 20년, 21년이야.

박선심은 더 많은 이야기를 들려주었다. 나는 그녀의 목소리에 귀 기울였다. 일일이 여기에 옮길 수 없어서 죄송하다. 박선심의 당부를 조금 옮긴다.

박선심　우리가 상처받은 얘기를 글로 지혜롭게 쓰면 우리 애들이 책을 읽다가 SJM, 할머니가 다녔던 회사에서 "엄마, 할머니 이래 해가지고 엄마가 데리러 갔어?" 그렇게 할머니 할아버지 얘기가……. 그때까지 팔릴 수 있는 책이 되면 좋겠어요. 외국에서도 '피 묻은 자동차는 안 타겠다.'[*]고 카톡으로 왔었대요. 지회로. 온 것을 오려서 딱 붙여놨어요. (사이) 책 쓸라면 사람 많이 만나야겠네.

작가　집에서 6시 10분에 출발했어요. 저도 출근하고 있어요.

나는 웃었다. 그녀가 딱하다는 듯 나를 바라보았다. 그날 밤, 그녀가 마당에 열을 맞춰

✖ 이 말은 남아프리카공화국 금속노조가 당시 SJM 노동자들에게 연대를 밝히며 보낸 메시지다. "남아공의 그 어떤 자동차 운전자들도 노동자들의 피로 만들어진 차를 운전하고 싶지 않을 것이다. 우리는 오로지 이윤만을 목적으로 삼으면서 노동자들을 비인간적으로 폭행하는 기업을 용납할 수 없다." (레프트 21, 2012년 8월 20일.) 한편 남아공 금속노조는 직장폐쇄 동안 SJM 회사 측이 남아공 출신 노동자들을 대체 투입했던 사실도 비판했다. "남아공에서는 세 개의 완성차 기업이 SJM으로부터 납품을 받는다. 현대, GM, 포드가 그들이다. (…) 남아공 금속노조는 남아공 SJM에게 한국으로부터 남아공 대체 노동자들을 즉각 철수시킬 것을 요구한다. 남아공 SJM은 어떻게 해서 남아공 노동자들이 한국에 발령돼 노동권을 훼손시키게 만드는 결정을 내렸는지 우리에게 명백하게 설명해야 할 것이다." (같은 기사)

앉아 있던 '40대 애들'을 어떤 표정으로 바라보았을지 알 수 있을 것 같았다.

박선심　책은 언제쯤 나와요?

작가　글쎄요…….

박선심　꼭 사서 봐야겠다. 책 표지, 그러니까 제목은 뭐라고 쓰여 있으려나 모르겠네.

작가　뭐라고 쓸까요?

박선심　'피 묻은 자동차는 안 타겠다.'는 말도 너무 좋고. 이거는 우리가 겪은 일이라…… 우리가 진짜 겪은 현실을…… 애들이…… 자녀들이 다음에라도 보면…….

작가　애들이 봤으면 좋겠어요?

박선심　그렇지. 다 알아야지. 나이 드신 양반도 어린애들도. 내가 그날 밤에 그런 폭력을 당할지 누가 알았겠어. 살다 보면 남의 일이란 게 없더라고요. 눈감는 날까지는 세상에서 일어나는 모든 일이 내 일일 수 있다니까. 그게 현실이야. 근데 어차피 한 번 사는 인생, 내가 내 인생관을 잘 추진해가면서 멋지게 살고 싶어. 똑바르게. 잘못된 것은 잘못된 것이고, 상대방이 안 할 말을 했으면 뼈저리게 느끼게 해줘야 해. 몰라서 안 한 거하고 진짜 회사에서 잘못한 거라면 혈서를 써서라도 정년…….

그녀는 다시 정년에 대한 불안을 말했다.

박선심　왜 불안한 마음을 또 갖게 만들어. 인간은 잘 살아야 할 의무가 있어. 쉽게 살려고 하는 스타일들이 많았잖아요. 옛날 속담에 남이 그물 쳐놓은 데서 고기 잡으려고 하는 건 아니라고. 자기가 그물 쳐야지, 남이 쳐놓은 데서 잡으려고 하면 쓰겠어? (사이) 직선적이고 너무 이래도 상대방이 피곤하기도 할 거예요. 그런데 괜히 그러진 않잖아요. 잘못을 지적했을 때 잘못했다 그러면 또 풀어져요. 안 할 말은 안 하는 거예요. "당신이 실수했잖아." 그러면 풀어지는데, 잘못한 사람이 "할 수 있는 말을 했네." 그라면 복장 터져불지. 그 차이예요, 그 차이.

사이.

작가 그런데 제가 연극 만들 때 회사 쪽으로 돌아서신 분들 있잖아요……. 그분들이 궁금했어요. 지금 얘기는 하세요?

박선심 같이 일하면서 인사도 안 해. 그래서 내가 불러서 "너는 고개 빳빳하니 다니지 말고, 느그는 사무실이고 우리는 현장이지만 그래도 한 밥을 먹고 같이 SJM 다니고 있는데 '아줌마 고생했어요.' 그러면 내가 너는 사무실이라 일하는 분야가 달라서 그렇지 이해한다. 아줌마 고생했다고 말 한마디라도 하고 그래야 니가 잘된 사람이지. 인사를 안 받고 무시를 하더라도 그런 사람이 있더라도 '형 고생했어요.' 그 말 한마디 하면 얼마나 좋겠냐……." 그랬더니 저쪽 가는 걸 봤는데 개가 고개를 숙이고 다녀. 다른 언니들은 왜 그런 말을 하냐고 하지만 그거는 말을 해야 돼. "야, 너 언제까지 말을 안 하고 다닐 거야. 뒤에서 그 새끼 저 새끼 하더라도 앞에선 '아줌마 고생했어요.' 인사를 그렇게 해야 순리지."

작가 뭐래요?

박선심 "알았어요." 하지.

작가 그럼 선생님은 (머뭇거리며) '배신'했던…….

박선심 나는 안고 가지.

작가   안고 간다는 거는 용서를?

박선심   그럼. 그때는 그랬어도. 용서를 하고 그 애들도. 회장이 나쁜 거고 잊을 것은 잊고 가고…….

작가   사과를 하지 않았어요?

박선심   총회 때 나와서 했지. 지들도 사는 게 사는 거였겠어? 안전교육하고 그럴 때 서로 싸우고 그런 영화(727 당시 영상) 보지. 1년에 한 번 노동조합 수련회, 727 기억하기 위해서 1박 2일 가잖아요. 그것도 안 갔으면 좋겠어. 하룻밤에 천만 원씩 없애가면서.

작가   가야죠, 그거는.

박선심   고통스럽지.

작가   그 당시 영상을 안 봐야 한다고 생각하세요?

박선심   봐야지, 당연히.

작가   근데 뭐가 반대예요?

박선심   회사는 얼마나 밉겠어. 천만 원씩 없애가면서. 정 가고 싶으면 하루만 가든가.

작가   술 한잔 먹어야죠, 밤에. 이게 아픈 기억이잖아요. 하룻밤이라도.

박선심   (해맑게 웃으며) 재밌어, 가면. 작년에도 바닷가로 갔는데.

박선심은 회사 돈을 쓰는 일이 미안해서 수련회를 안 갔으면 좋겠다고 했다가 또 수련회 갔던 일이 얼마나 재미있었는지 떠올리며 즐거워했다. 얼마 뒤 다시 용역들 이야기로 이어졌다.

박선심   나쁜 놈들. 깡패들이 경비 아저씨한테 그랬다드만. 이렇게 착한 조합원들 첨 봤더라고. 깡패들이 경비 아저씨한테 말했대요. 이렇게 착한 애들 첨 본다고.

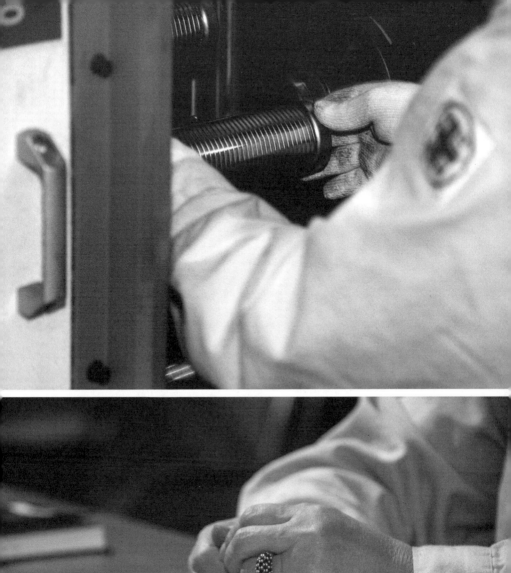

작가   지들이 더 어리면서.

박선심   깡패들한테 "느그는 밥 먹었냐?" 그러면 밥은 먹었대.

작가   항상 깡패로 보였어요?

박선심   깡패 옷을 입고 있으니까 깡패라고 말을 해야지, 어떡해. 스물두 살, 스물네 살 그렇느만. 젊은 애들 이쁜 애들도 있어. 얼굴 다 보이지. 마스크 안 써. 하이바 쓰기도 하고 안 쓰기도 하고 그래. 즈그 나이 얘기하고 그래, 태연스럽게.

이제 정말 박선심의 이야기를 마칠 시간이다.

박선심   글씨 너무 쪼그맣게 쓰지 말고 몇 장을 더 하더라도 글씨 크게 해. 나름대로 재밌게 투쟁했으니까 책 나오면 다들 볼 거 같아.

박선심은 또 깨가 쏟아져 내렸다. 그 시시하다던 해남 살던 얘기다.

박선심   재밌었죠. 손 놓고 오다가 엎어져부러. 굴 까가지고 오다가 잔디에 엎어지면……. 잘잘한 새굴을 까가지고 오다가. 돌에 붙어 있는 새굴…….

작가   새굴?

박선심   새굴 그러면 전라도는 다 알아묵어. 그 굴 까갖고 오다가 잔디에 엎어져. 가을엔 고구마 캐서 소나무에 걸쳐놔. 서리하고 눈하고 같이 얼다 녹았다 한 걸로 점심 끼니 잇고, 나무도 하러 다니고. 엄마하고 아부지하고 살 때가 제일 재미있었던 거 같아. 지금 생각해보면 조 섞인 밥을 먹었어도 엄마 아부지하고 6남매가 살 때가. 머시매 가이네들 밥해서 먹었잖아, 우리는. 한집에 모여서. 머시매들하고. 친구들하고 보리, 수수도 갖고 와서 밥을 해. 겨울에 김치 같은 거 갖다가. 그런 시절이 행복했어…….

박선심의 이야기는 어느새 근심 걱정 적었던 어린 시절로 이어지고 있었다. 그러다가 또 "회사에 일이 많이 있어줘야 하는데……." 하다가 또다시 어린 시절로 이어졌다. 그녀의 말처럼 부모 마음이 다 같은 거라면, 경영자들은 이 무수한 부모들의 마음을 헤아릴 수는 없는 것일까.

유자와 탱자

김태환은 1974년생으로 전라남도 고흥군 금산면 신촌리 거금도에서 태어났다. 3남 4녀 중에 막내로 어머니가 마흔 살에 낳은 귀한 아들이었다. 공고를 가고 싶었지만, 연세 많은 부모님 농사짓는 것을 도우려고 금산에 있는 고등학교로 진학해서 농기계를 전공했다.

하루는 태환이 야간자율학습을 하고 있는데 집에서 전화가 왔다. 교무실에 가서 전화를 받았더니 친구였다. 귤을 먹으러 가자는 거였다. 그날 밤 태환과 친구는 배를 타고 옆 섬으로 귤 서리를 하러 갔다. 아, 배도 서리를 해서 갔다. 그때만 해도 타고 제자리에만 가져다 놓으면 배 주인도 누가 탔나 보다 하고 말았다.

달빛에 유자나무와 귤나무가 구분되지 않았다. 서리를 간 처지에 불을 켤 수도 없어서 노란 과일이 보이면 손을 내밀었다. 가시에 찔리면 그제야 유자나무인 줄 알았다. 다음 날 서리한 귤을 가방에 넣어가 친구들에게 나눠주고 있는데, 어떤 친구가 어제 우리 집 귤을 누가 다 서리해 갔다고 했다. 태환은 어두운 밤이라 누구네 밭인지도 몰랐던 것이다.

농기계과에서 배추, 호박, 무 같은 채소나 화훼까지도 배웠지만 봄이 되면 온종일 탱자에 유자를 접붙이던 기억이 남아 있다. 유자는 생명력이 강하지 않아서 탱자에 접붙여야 했다. 수분이 잘 올라오고 껍질이 잘 까지는 봄이 되면 칼로 탱자나무에 T 자로 홈을 파서 껍질을 연 다음 그곳에 유자나무 순을 떼서 집어넣었다. 빗물 같은 것이 들어가지 않도록 비닐로 감싸주었다. 접붙인다는 것은 무슨 주사 꽂듯이 갖다 꽂는 게 아니라 부드럽게 갖다 대고 감싸주는 일이었다.

탱자 껍질 속으로 들어간 유자나무 순이 탱자나무 뿌리가 올려준 수분을 먹고 컸다. 탱자나무 뿌리가 유자를 키운 것이다. 유자나무가 접붙은 줄기 위로는 탱자를 모두 잘라냈다. 영양분이 유자에게 갈 수 있도록 하기 위해서였다. 김태환은 탱자가 유자에게 모든 것을 주는 것이라고 했다.

태환의 형제들은 막내가 대학 가면 모든 것을 다 대주겠다고 했다. 그는 대학에 가려고 자격증을 따기 위해 씨 몇백 개를 갖다놓고 하나씩 구분하는 것을 배웠다. 50개 정도를 구분할 수 있게 되었을 때 돈을 벌어야겠다는 생각에 그만뒀다. 그때 씨는 색깔을 보고 손으로 만져보면 모두 다르다는 것을 배웠다.

처음에는 섬에 있는 돌공장에 나가서 돌칼로 커다란 돌판 자르는 일을 했다. 카센터에서도 일하고 굴착기 기사도 해봤다. SJM에는 먼저 근무하고 있던 매형 소개로 1999년 10월에 입사했다. 전쟁터 같았던 727 때 벨로우즈에 입술을 맞아서 다섯 바늘을 꿰매고 이도 하나 깨졌다. 40년 사는 동안 누구한테 맞아본 적도 때려본 적도 없던 그가 어두운 밤에 '우리' 회사에서 당한 일이었다.

직장폐쇄 기간에 매형은 공장으로, 그는 바깥으로 갈라졌다. 누나에게 딱 한 번 전화가 왔다. 누나는 그에게 소신을 꺾으라고 강요하지 않았다. 하지만 남편은 남편이니까 누나는 또 매형의 편에 설 수밖에 없었다.

현장에서
일만 하게 해달라고
기도했어요

/// 조동주 이야기

85

*인터뷰
셋,*

조동주(52)는 박선심이 벨로우즈에 맞아서 '언청이'가 됐다던 그 사람이다. 내가 그를
처음 본 것은 영상을 통해서였다. 인터로크에 인중을 맞아서 윗입술이 거의 두 조각 난
채로 금방이라도 떨어질 듯 너덜거렸다. 그가 입술을 손으로 감싸고 있는 뒷배경으로
날이 환하게 밝았는데 경찰들은 한가로워 보였다. 조동주는 전라북도 정읍에서 태어났
다. 세 살 때 부모가 정읍에서 안산으로 이사를 왔다. 먹고살기가 힘들었는지 어머니가
이모도 안산으로 불러들여 함께 정착하게 되었다. 조동주의 이야기를 듣는 내내 현재
공단 자리에 있었다는 군자염전에 자글자글 끓는 하얀 빛과 소금이 떠올랐다.

조동주 옛날에는 여기 안산이 다 군내였어요. 그러니깐 그땐 시흥군 수암면
　　　　 군자면이고 여기가 읍내였죠. 지금 내가 사는 도일이 그때 당시에는
　　　　 읍내였어요. 내가 군자중학교 나왔어요. 초등학교는 그 동네 연성초
　　　　 등학교, 고등학교는 부천에서 공고 나오고요. 소사공고 기계과고요.

작가　　 안산은 토박이가 한 2만밖에 안 되고 나머지는 다 외지에서 이주해왔
　　　　 다면서요?

조동주 그렇죠. 토박이는 별로 없죠.

작가　　 사람들이 이주해오는 과정을 다 보셨겠네요?

조동주　그렇죠. 내가 중학교를 1980년에 졸업했으니까⋯⋯ 78년 무렵부터 여기 개발했잖아요, 까고 막 그래 가지고. 고등학교 졸업해 여기 오니까 완전히 공단, 먼저 반월공단 들어오고 그다음에 시화공단 점점 들어오고.

조동주의 설명을 듣기 전에 먼저 간단하게 안산의 개발 과정에 대해서 살펴보기로 한다. 안산공업신도시 개발 배경과 과정이 매우 잘 요약되어 있는 이동규의 글을 다소 길지만 인용해둔다.

> 1960년대 이후의 급격한 도시화와 공업화의 추세가 가속화되면서 1975년 서울의 인구가 전국의 5분의 1(700만 명)에 이르는 집중현상이 나타나고 이러한 집중은 그 당시 개발제한구역의 설정, 부동산 투기 억제 시책 강화, 주민세의 신설, 국토이용관리법의 제정, 지방공업단지의 건설 등 집중 방지 정책을 실시하였으나 정책수단들이 수도 서울의 인구집중을 억제시키기에는 역부족인 상황이었다. 또한 공업화 추진 과정에서 서울과 경기도의 비공업지역에 공해성 무허가 중소공장들이 무질서하게 산재해 있어 이들의 정비가 필요한 시기에 정부는 보다 적극적인 서울의 과밀 해소 정책의 일환으로 수도권 내에 공업단지를 갖춘 신공업도시를 구상하게 되었다. (⋯) 그 당시 사업시행 주체였던 산업기지개발공사의 내부자료에 의하면 안산공업신도시는 국무회의 석상에서 대통령의 지시(1976. 7. 21.)에 의하여 시작되었는데 지시 내용은 수도권 내에 100만 명 규모의 공업단지를 갖춘 신공업도시 후보지를 두 군데 선정하라고 지시한 것으로 되어 있다. 이에 건설부는 신도시 입지 선정 실무작업단을 구성하여 서울로부터의 거리, 용지확보, 교통, 운수, 전력 등 제반조건을 검토하여 관계부처와 협의 후 1976년 8월 18일 발안, 안중, 조암, 반월 등 4개 후보지를 대통령에게 보고한 것으로 되어 있다. 그 당시 보고의 핵심은 반월지구는 개

발 성공은 확실시되나 서울과 너무 인접하여 있고, 수도권 인구분산과 지역의 균형 발전 측면에서는 50킬로미터권 밖에 있는 발안, 안중, 조암이 적정하다고 건의하였으나 대통령이 (…) 기업이 움직일 수 있겠는가? 요는 일단 성공해야 한다. 반월이 서울과 너무 가까운 것은 사실이지만 반월을 개발 후보지로 결정하고 (…) 사업성 측면과 효율성 측면에서 모도시인 서울과 가까운 교외지역에 모도시 의존형 위성공업도시로 개발이 되었다.[*]

개발방식은 우리나라 최초로 신도시에 공영개발방식으로 도입하여 개발 예정지 전체를 전면 매수하는 방식을 채택하였다. (…) 사업완료 연도인 1986년도까지 계획인구 20만에 훨씬 못 미치는 12만 7천 명의 인구만을 유치했다. 하지만 1986년 이후 수도권 공업배치법 제정에 따른 이전공장의 혜택 부여와 기록적인 토지가격 상승으로 인한 서울 대도시권 주택수요 급증으로 급격한 개발이 활성화되고 곧이어 1차사업 2단계 사업지구(인구 12만 수용)가 시작되면서 안산공업도시는 자금조달 측면의 어려움을 해소하였다.^{**}

또한 정부는 안산신도시의 개발을 촉진시키고 공단에 공장입주를 적극 유도하기 위해 입주공장에 대하여 국세 및 지방세 일부를 감면 조치하는 등 다양한 혜택을 주었다.^{***} 이러한 인센티브(incentive)를 제공한 것은 신도시 건설의 목표인 서울의 인구 및 공장이전을 효율적으로 추진하기 위해서는 2차산업 위주의 생산기능 이전이 필수적이며 이에 따라 신도시의 성공 여부가 결정될 수

✖ 이동규, 「안산, 분당 신도시 인구이동 특성에 관한 비교연구」, 홍익대 박사 논문, 2000년, 68~69쪽.
✖✖ 이동규, 같은 글, 71~72쪽.
✖✖✖ 이병하, 「안산신도시의 개발효과에 관한 조사분석: 주거환경에 대한 주민의식 조사를 중심으로」, 성균관대 대학원, 1988년, 29~30쪽. 이동규의 같은 글 74쪽에서 재인용.

있었기 때문이었다.**✱**

다시 조동주의 이야기로 돌아가자.

작가 ㄱ때 풍경 좀……. 깐다는 게 뭘 깐다는 거예요?

조동주 아, 그러니까 여기가 옛날에 다……. 군자염전이라고 들어보셨죠?

작가 네, 여기가 다 염전이었다면서요? 공장 자리도? 1공장도?

조동주 네. 거의 해안이었을 거예요. 그리고 중간중간 염전 사이에 동네가 조금씩 있었지. 군자염전이 우리나라에서 제일 크잖아요. 알아줬었어요. 월곶에도 그때 염전이 있었는데 까만 집, 소금 저장 창고가 있었어요. 영화에 보면 그런 거 많이 나오잖아요, 영화 배경으로. 그리고 다 방위 근무였어요. 한 80~90퍼센트가 방위예요. 여기 지역에서 해안 근무를 해야 되니까. 경계근무를 섰었죠, 철책이 쭉 있어가지고. 지금도 오이도 쪽으로는 해안 따라 초소가 있고, 그래서 경계근무 서잖아요, 밤이면. 그런데 지금은 여기저기 대부도 방파제 생기면서 막 아버렸잖아요. 그러는 바람에 이쪽에 해안초소가 의미 없어진 거죠. 1970년대 생각하면 먹을 것도 없고 그런 시대잖아요. 우리가 망둥어 잡는다고 이런 데 오면 염전 지천에 막 깔려 있었어요, 그때. 낚싯대 메고 있다가 염전에 바닷물이 들어오면 그 통로에서 고랑에서 막 낚시를 하는 거야. 낚시하면 막 잡혀요. 큰 것도 막 잡혀. 그런데 군인들이 못 들어오게 해요.

작가 몇 살 땐가요, 그게?

✱ 이동규, 같은 글, 74쪽.

조동주 중학교 때죠. 낚싯대에 지렁이 그냥 끼워서 넣었다 하면 망둥이가 잡혀 나오고, 그러면 막 재밌잖아요. 군인들이 못 들어오게 막 나가라고 그런다고, 해안이니까. 총 들고 막 "니네 쏜다!" 그러면 막 또 올 때까지 잡는 거예요, 오면은 죽인다고 그래 가지고 도망가면…… 그때 재밌었지.

작가 그러면 그 염전이 공단으로 조성되는 과정을 쭉 보신 거구나.

조동주 본 거죠, 초창기 때 다 봤지. 옛날에는 여기 수인선이라고 똥차도 다 녔어요. 기관차, 기관식으로 가는. 기차요, 기차. 언덕에서 밑으로 꽂을 때면 가속도 붙어가지고 막 가고, 또 평지는 서서히 칙칙칙 가고. 지금도 철로가 있어요.

고잔역에서 문화광장으로 가는 길에는 지금도 수인선 끊어진 길이 있다. 나는 2015년 5월 동료들과 〈안산순례길〉이라는 거리극에 참여하면서 이 수인선 끊어진 길을 함께 걸어갔다. 길가에는 누가 심어놓았는지 빨간색, 노란색 튤립이 여기저기 피어 있었다.

작가 그게 어디에서 어디로 가는 거예요?

조동주 그게 소래 가는 거지, 소래.

작가 소래포구?

조동주 네.

나도 소래포구에 간 적이 있다. 미장일을 하는 고종사촌 형들과 소래포구에 놀러 가서 회와 소주를 먹었다. 소래포구에서 서해로 지는 노을도 보았다. 안산에서 어린 시절을 보낸 조동주와의 대화는 그런 추억의 분위기로 나를 이끌었다. 그도 옛이야기를 꺼내면서 어린애처럼 해맑은 얼굴이 되어갔다.

조동주 옛날에 다 그거 타고 다녔죠. 수원에서 소래포구까지. 수인선이니까 수원하고 인천이라는 거예요. 그러니까 소래포구도 지나가는 거지. 생선 떼다가 파는 사람도 그거 많이 이용했죠. 지금 얘기하면 안산역 그 앞 정도에 군자역이라는 게 있었죠. 군자역 다음에 오이도. 지금은 다 없어졌죠. 전철이 들어온 거지. 그 노선에 전철이 생긴 거예요. 지금 또 연결됐잖아요, 인천까지 다.

작가 그러면 친구분들은 거의 안산지역에 사세요?

조동주 거의 나갔다고 봐야죠, 지금.

작가 반월공단 들어설 때 풍경 좀 이야기해주세요.

조동주 여기는 지면이 약하다 보니까 파일 박죠, 파일.

작가 파일?

조동주 그 전주 같은 거 있잖아요. 그거 박아서 건물을 짓잖아요. 지반이 약하니까. 전봇대 같은 거 한 열 몇 개씩 들어갔을 거예요, 여기도. 바닥에 꽂아갖고 그걸 기준으로 집을 짓는 거죠. 다 단층이죠. 공단이 들어선 지도 20년이 넘은 거잖아요. 77, 78년 때부터 했으니까. 지금 20년이 넘었으니까 SJM 앞쪽으로는 이제 막 큰 건물도 짓잖아요. 지반이 그만큼 다져진 거지. 그동안 물이, 염분도 빠졌을 거고. 고향이 없어진 거잖아요. 여기 동네 이름이 희한해요, 뭐 '터진묵'도 있고 '뗏골' 뭐 이상한 이름이 많아요.

작가 지금은 다 사라졌어요?

조동주 그렇죠, 마을 전체가 싹 없어져버렸으니까.

작가 마을이 사라지면 이름도 사라져가죠…….

조동주 다 사라진 거죠, 공단 들어서면서 다 사라졌죠. 이주비 받고 정착한 사람은 정착하고 나갈 사람은 나가고 다 그런 거죠. 처음에 개발할 때 딱지 줬다가 새로 집을 짓는 데 살게 해주잖아요. 그때 정착한 사람들이 지금 원곡동에 사는 원주민이에요. 거기 토박이들이 많았지.

작가 그러니까 원곡동이라는 동네도 만들어진 동네예요? 인위적으로?

조동주 그렇죠, 싹 조성을 했으니까요.

작가 그렇구나. 그럼 안산이라는 지역 자체가 전반적으로, 그러니까 조성이 된 거네요?

조동주 그렇죠, 싹 정리된 거죠. 자잘한 동네 그런 게 싹 사라진 거지. 우리 동네도 시로 승격되면서 싹 조성됐죠. 아파트 다 들어왔죠.

조동주는 고등학교 3학년 때 부천으로 취업을 나갔다. 보일러회사를 다니면서 용접을 했고 설비회사도 좀 다녔다. 그때가 1982년 8월이었다. 부천에는 군대 갈 때까지 있었다. 그는 호적 나이가 3살 정도 줄어 있어서 1, 2년 정도 삼목판넬이란 회사에서 더 일하다가 군대에 갔다. 조동주는 SJM에도 용접 기능공으로 들어왔다. 조동주가 일하는 3공장은 대형 제품을 다룬다. 3공장에는 대형 벨로우즈를 만드는 플랜트 사업부와 그보다는 조그만, 건설 쪽으로 들어가는 부품을 만드는 스탠다드 사업부가 있다.

조동주 제가 용접 기능공으로 들어와서 허리를 한 번 다쳤는데 반에서 좀 불미스러운 일이 있었어요. 싸움을 한 거죠. 지금도 난 싫으니까, 그 사람이.

작가 개인적인 싸움이에요?

조동주 아니, 회사와 관련된 거죠. 내가 용접을 많이 했던 그때 당시에는, 뭐 자랑이 아니라 RT용접이라고 특수용접을 하는 사람이 없었어요, 저 밖에. 저는 선웨이브보일러에서 RT용접을 했거든요. 그러니까 여기 들어왔을 때, 1990년도요, RT 용접을 제가 거의 다 했죠. 한 3, 4년 했는데 허리가 아픈 거예요, 그때는 다 수동이니까 쪼그려 앉아서 용접을 했었어요, 지금같이 높여서 하는 그런 좋은 여건이 아니다 보니까. 그

낭 다 쪼그려 앉아갖고 진짜 머리 박고 용접하는 그런 악조건에서 했죠. 병원에 가서 허리를 찍으니까 디스크라고. 디스크하고 대퇴부 신경염도, 다리가 마비 증상이 오는 거예요. 회사에서는 산재 못 해주겠다라고 얘기해서 제가 막 서류를 준비했죠, 조합하고 함께.

조동주는 반장이 서류 작성을 도와주지 않자, 한정록의 도움을 받아서 서류를 작성하고 산재를 인정받게 된다. 반장에 대한 불신으로 "나 여기서 용접을 못 하겠다."라고 선을 긋고 성형반으로 옮긴다. 그 뒤로는 출장일을 많이 했다. 원자력, 수력, 화력 발전소…….

조동주   그때 당시에는 물건(벨로우즈)이 커갖고 여기서 다 제작 못 하고 현장 가서 조립했죠. 제가 한 외근을 3년 했나? 그렇게 1년에 한 두세 번 가갖고 몇 개월씩. 애들 두세 명 데리고. 그럼 얼굴 새까매져. 거기 갔다 오면 얼굴 깜둥이 되는 거예요. 옛날에 태안화력, 월성원자력도 그때 갔었던 기억이 있고. 그리고 대부분 원자력 공사를 저기서 했어요, 옛날에 처음에는 한국중공업이라고 했었거든요? 배달호 열사가 거기서 죽은 거예요. 제가 두산중공업에서 엄청나게 일했죠. 두산에서 우리 회사에 시공사업을 준 거예요. 한국중공업도 거쳤고, 나는 두산중공업도 거쳤죠.

나는 잠시 상상해보았다. SJM과 두산중공업을. 한 번도 서로 얼굴 보고 얘기 나눠본 적 없을 조동주와 배달호를. 인터뷰를 하는 동안 어쩌면 우리가 언젠가 같은 곳에 있던 사람들일지도 모르겠다는 생각이 들 때가 참 많았다.

작가   노동조합은 언제 어떻게 처음 하시게 된 거예요?

조동주 입사하자마자. 노동조합이 있는 회사를 다닌 건 여기가 처음이에요. 딱 왔는데 오자마자 그러더라구요, 대의원 좀 맡아 달라고. 예, 알겠다고, 한다고, 그래 갖고 한 거예요 그때 당시 처음에 웃겼지 진짜. 조○○ 그분이 그때 웃겼어, 지금도 내가 기억하는 게 교섭 시기예요. 그때는 한국노총이었고, 임금교섭 시기인데 밖에서 노동가요 배운다고 노래 연습 몇 번 하고 있으니까 지회장이 와서 그러는 거예요. "조동주 씨 임금교섭 끝났어요, 얼마 올랐어요." 딱 웃으면서 그러는 거예요. 그다음 날 방 붙여서 얼마 올랐다고. 딱 그리고 노사합의시키고. 그런 상황이었어요.

1993년 민주노조가 들어서기 전의 노사합의 풍경 얘기였다.

작가 조합원들 불만은 없었어요?
조동주 그렇죠, 어떻게 보면 당시에는 그냥 편했으니까. 그런 지식이 없었지, 노동조합의 중요성이라든가. 저도 마찬가지고요. 그냥 느닷없이 대의원 하라는 거예요. 대의원 임무도 모르고 그냥 한번 해, 그래서 조합에 입문한 거죠. 대의원은 그 뒤로도 수차례 했어요. 93년엔가 제가 허리 치료받고 복귀하니까 노동안전부장, 그걸 맡으라는 거예요.

조동주는 그 뒤로 산안부장(산업안전부장)을 두세 번 더 했다.

작가 산업안전위원이면 회사 감시 기능이네요, 말하자면?
조동주 회사 감시가 아니라 우리 노동자들의 안전, 그런 걸 대변하는 사람이 잖아요, 안전사고 발생하고 그러면.
작가 그러면 회사랑 어느 정도 각이 생기는 거네요?

조동주　네. 이제 적이 된 거지, 나는. 그걸 몰랐죠.

노동자들의 '안전'을 대변하는 일이 회사와 적이 되는 아이러니한 상황이 상식처럼 받아들여지고 있었다. 조동주는 자신을 '일벌레'라고 표현했다. 일벌레는 여기저기 안 아픈 곳이 없었다. 그는 몸이 아픈 게 '질병'인지 '산업재해'인지를 두고 회사와 다툼을 자주 하며 살아온 사람이었다. 그는 다른 얘기를 하다가도 자주 산재 이야기로 돌아가곤 했다. 그에게 산업재해 인정을 두고 다투는 시간은 노동조합에 대한 이해가 깊어지는 과정이었다고 나는 느꼈다.

조동주　내가 승부욕도 강해요. 성격도 급하지만. 지금도 내가 100미터 뛰면 1, 2공장에서 나 따라오는 사람 없을걸요. 시흥시 동대표로도 한 10년 뛰었어요. 100미터.

작가　그럼 727 때도 엄청난 역할을 하셨겠네요, 선생님께서?

조동주　맨 앞에서 싸웠죠. (입술을 보여주며) 여기 찢어진 거잖아요. 뚝 잘렸어요. 여기 수술한 거잖아요. 파이프로 꽂힌 거죠. 찍혀버렸어요.

인터로크에 맞서서 너덜너덜해진 그의 입술이 다시 떠올랐다.

조동주　맞은지도 몰랐어요. 그때는 전쟁통이었으니까. 맞은 건 알았는데 입술 잘린 건 몰랐어요. 탁 뭐가 스쳤다는 생각은 했는데. 싸매고 있는데 용일인가 누가 나한테 그러는 거예요. "형 피가 많이 나요, 빠지세요." 에, 그때 안 거야. 몰랐어요. 피가 나는지. 지금은 좀 지나서 그렇지. 얼마 안 됐을 땐 인터뷰하면 복받쳐가지고 눈물이 줄줄줄 났어요. 지금도 생각하면, 깊게 생각하면 눈물이 나려고 하는데…….

작가　…….

그의 표정이 일그러진다.

조동주 살벌했죠. 전쟁터도 그런 전쟁터가 없었어요. 제가 선봉대 역할을 맡고 있었어요. 제가 나이가 제일 많았을 거예요. 그때 당시.

작가 안 무서웠어요?

조동주 무서운 거보다도……. 쉽게 말해서 노동조합도 있지만 나를 위해서 한 거잖아요. 우리 가족을 위해서.

작가 가족이 어떻게 되세요?

조동주 1남 1녀예요. 큰애가 스물여섯, 작은애가 스물셋. 희한한 게 뭔지 알아요? 내가 감지를 했어요. 상황이 안 좋다는. 727 터지기 전 몇 개월 전부터 나는 불안한 게 감이라는 게 있더라고.[*] 집에서도 누누이 얘기했어. 아빠 회사 어떻게 될지 모른다. 잘하라고. 그런데 우리 아들내미가 군대 제대하고 와선 휴학한다는 거야. 공부 안 되는 것 좀 더 해가지고 복학한다고 그러는 거예요. 그래서 하지 말라고. 727 하루 전날 아들내미하고 그런 얘길 하다가 대판 싸웠어요. 아빠 회사도 어려우니까 휴학하지 말고 빨리 졸업해라. 하나라도 빨리 가르쳐야 하니까. 아들놈은 공부가 안 되니까 휴학하고 영어하고 기자 공부 좀 하겠다, 자꾸 강요를 하는 거예요. 주먹까지 가려고 하다가……. 우리 애들 내가 지금까지 종아리 열 대 딱 한 번 때렸거든요, 옛날에. 쌈하다가 잔 거야. 니 알아서 해라 승질내고. 우리 집사람이 맞벌이인데,

---

[*] 언론 보도(민중의소리, 2012년 9월 6일.)에 따르면 SJM은 적어도 임단협(임금단체협약)이 막 시작된 4월에 이미 용역업체 컨택터스로부터 견적서를 받았다. 노조는 사측이 이미 이때부터 용역 투입과 직장폐쇄 등의 사태를 대비한 것으로 의심했다. 조동주가 느낀 불안감은 조합원들 사이에 727 이전에 퍼져 있었다. 한편 금속노조 경기지부 김유진 선전전문위원은 "견적서를 받은 날은 임단협을 위한 노사 상견례를 하루 앞둔 날로, 이는 당시 이미 노조와 대화할 생각이 없었다는 반증"이라고 말했다. (한겨레신문, 2012년 9월 8일.)

2교대라 한 주는 내가 애들 밥을 차려줘야 해서 휴대폰으로 알람을 켜고 자야 하는데 그날따라 알람을 안 켠 거예요. 그다음 날 새벽에 화장실 가려고 눈을 떴다가 휴대폰을 봤어요. 그런데 부재중이 몇 개 찍히고 문자가…… 새벽에 4시 반에. 이게 뭔 일이랴 봤더니, 역시. 야 이거 터졌구나. 아 이거 싸움해야 하는구나. 가슴이 벌렁벌렁하더라구요. 여름이었으니까 반바지 입고 갈까 했다가 아아 이건 아니다 싶어 추리닝 긴 바지에 샌들을 신으려다가 옛날 명동에 집회 갔다가 좆나게 도망간 기억이 나서 아들내미 아디다스, 거의 새거를 신고 간 거예요.

작가   아들은 자고 있고.

조동주   얘기도 안 하고. 아디다스 괜찮은 신발인데 그거 신고 차 끌고 허겁지겁 간 거야. 부광약품 입구에 차를 대니까 방송이 나오고 무장한 깡패들이 막 왔다 갔다 하고. 대치 중이었으니까. 막 검은 게 왔다 갔다. 경찰처럼 보였어요. 완전무장했으니까. 의경애들이랑 똑같이 보여요. 그거 보호장구가 멀리서 보니까 경찰이랑 똑같아. 엄청나게 겁나는 거야, 거기 가기도. 가니까 대꾸도 안 해. 삼삼오오 몇 놈이 뛰어다니면서 이쪽으로 갔다 저쪽으로 갔다 정문으로 갔다 이동하더라구요. 그래서 난 걸어갔죠, 혼자. 그런데 이 새끼들이 웃기는 게 지들이 이긴다고 가정했는진 몰라도 외부에서 들어가려고 하면 못 들어가게 하는 게 맞잖아요. 대치하면서도 문은 열어준 거예요, 들어가라고. 거의 한 5시 됐겠다. 지금도 의아한 거예요. 정문으로 들어갔어요. 후문은 완전히 대치 상태였고 정문도 대치 중이었는데 문을 열어주는 거예요. 본격적으로 싸움한 게 그 이후야. 내가 들어오면서 "용일아, 밖에 보니까 이 새끼들 몽둥이 다 들고 있더라, 준비됐더라. 야 우리는 준비 다 됐냐?" 물어보니까, "우리도 준비 다 됐어요." 뒤에 우리 가꾸

목 준비 다 됐으니까 걱정하지 말라는 거야.

작가　실제 각목을 준비했어요?

조동주　안 했죠. 농담인데 진담으로 들었죠. 처음에 손 안 대고 대치한 거예요. 금속노조에서 나온 사람들이 절대 걔들 건드리지 말라고 신신당부를 한 거야. 그런데 으쌰으쌰 손으로 안 되니까 이놈들이 봉으로 우리를 치기 시작한 거예요. 그래서 우리는 현장에 있는 락카를 뿌리고 막 그런 거여. 그 와중에 신발에, 나중에 보니까 락카가 떨어져가지고. 검은 점이 다 박힌 거여.

작가　아들 신발이.

조동주　나중에 전액 변상해준다고 했는데 쪽팔리게 어떻게 얘길 해요. 버렸어. 신지도 못했지.

작가　아들내미가 뭐라고 그래요?

조동주　아버지 죽다 살아났는데 뭐라 그래요. 얘들이 담으로 넘어오고 금방 함락됐죠. 버티다 버티다 조합원들 2층으로 싹 올라간 거예요. 올라간 다음에 걔들 못 올라오게…… 바리케이드 치고 저는 계속 계단 맨 앞에 있었어요. 대치 한 번 하고 1라운드 끝났어요. 우리가 이겼어. 개새끼들아 니네 이제 좀 있다 경찰 오면 다 잡아간다고 난리를 친 거야.

그러나 앞서 말했듯 경찰은 들어오지 않았다. 도리어 경찰은 폭력의 책임이 노조원들에게 있을 경우만을 가정한 경비 대책을 세우고 있었다.[✱]

조동주　한 30분 쉬고 소강상태 딱 됐는데, 2차 딱 되니까 현장에 있는 팔레트, 물건 적재한 그거를 탁 쓰러뜨리더라고. 그러니까 이런 게 따르르르 현장에 다 굴러다니더라고. 그러고선 "죽여 죽여." 하더라고. 그러더니 벨로우즈랑 인터로크를 던지기 시작하더라고요.

2층으로 통하는 좁은 계단에 막힌 용역들은 그때 30분가량 회의를 했다. 회의를 마친 그들은 제품을 적재한 팔레트를 쓰러뜨렸다. 벨로우즈와 인터로크 등이 바닥으로 쏟아지면서 쇳소리가 공장을 울렸다. 용역들은 손에 잡히는 대로 그 쇳덩이들을 2층을 향해 집어 던졌다. 부상자가 속출했다. 노동자들은 자신들이 만든 제품에 머리를 맞고 입술이 찢어져 피를 흘리며 병원으로 실려 갔다. 조동주는 윗입술이 두 동강 났지만 무서워서 용역들이 지키고 있는 쪽으로 나갈 수 없었다.

조동주 치료를 하긴 해야겠는데 겁이 나잖아요. 그래서 2층에서 변압기 있는 데로 혼자 뛰어내려서 넘어간 거죠. 요령 있게 떨어졌죠. 이렇게 난간 잡고 딱.

조동주는 어릴 때부터 운동을 좋아했다. 겨울방학 때는 이모가 사준 스케이트를 타고 소래포구까지 거의 매일 달렸다. 농수로를 타고 바람을 씽씽 날리면서.

조동주 개폼 다 잡으면서 타는 거지. (자세를 해 보이며) 이 지랄 하면서 텔레비전에 나오는 거처럼. 웅덩이가 있어서, 허리까지 오는 깊은 데도 있어. 그런 아슬아슬한 데도 많이 가고. 일부러.

✱ 김현 민주통합당 의원이 입수한 안산단원경찰서 경비작전계의 「12027 SJM 직장폐쇄에 따른 노조 반발 관련 경비대책」에 따르면 경찰이 예상한 상황은 크게 세 가지였다. 마찰이 없을 때, 노조원 2~3명 등 소수인원의 폭력이 발생할 때, 다수의 노조원이 정문 또는 후문 진입을 시도해 용역과 마찰이 있을 때 등 모두 노조에게 폭력의 책임이 있는 경우만을 가정하고 있었다. (오마이뉴스, 2012년 8월 18일.)

조동주가 2층에서 딱 뛰어내리자 그 안에 있던 용역 하나가 쫓아왔다. "저 개새끼 죽여." 쫓아오는데 경찰은 가만히 있었다. 부광약품 쪽에 세워둔 자동차로 향하려는데 그쪽 방향에 완전 무장한 용역들이 서너 명 있었다. 작업복을 입고 있는 게 티가 날까 봐 겁이 나서 다시 몸을 돌렸다. 그때 하청업체에서 일하는 오○○가 팔짱을 끼고 구경하고 있는 게 눈에 들어왔다. 통성명은 안 했지만 안면이 있은 지 오래된 사람이라서 "저 좀 병원에 데리고 가주세요." 사정을 했지만 그는 외면했다.

조동주 쌩 까는 거예요. 난 지금도 그 새끼 좆같이 봐요, 그래서.

작가 왜 그랬을까요?

조동주 엮이기 싫다는 거지. 하청업첸데 엮이기 싫은 거죠.

그에게 외면을 당한 조동주는 청색 티셔츠를 입고 오는 사람에게 다시 부탁을 했다. 그러자 그는 얼마나 다쳤는지 한번 보자고 했다.

조동주 사무실 놈이었는지 그놈이 오○○ 그놈한테 얘기를…… 이렇게 다쳤는데 이걸 병원에 모시고 가야지, 이게 뭐냐고. 그래서 결국 그 새끼가 데리고 간 거예요. 한도병원으로 딱 갔더니 그 깡패 새끼들도 대가리 터지고 무릎팍 터져서 막 꿰매고 있더라구요. 치료를 하고 있더라고. 그러니 겁나죠, 나는. 바로 옆에서 치료하고 있으니까. 응급 담당자가 아 이거는 여기서 도저히 안 된다고, 나오더니 대학병원으로 가든가 큰 병원으로 가라고 그러더라구요.

조동주는 오○○를 붙들고 고대안산병원으로 갔다. 그곳에서도 큰 병원으로 가라고 했다. 아들에게 전화해서 좀 데리러 오라고 했다. 생각해보니 자동차에 지갑을 두고 왔다. 콜택시를 불러서 부광약품 앞까지 다시 갔다. 회사 쪽은 아직도 난리였다. 평소 친하게 지내던 형을 불러서 수원 아주대병원까지 달렸다.

조동주 저는 불같아요, 성격이. 고등학교 때도 괜히 도로에 있는 쓰레기 때려 부수고 애들 데려다 뒈지게 패고 맞기도 했고. 그런 짓 많이 했죠. 우리 나이 그러니까 64년생들이 교복 입고 미지막으로 졸업한 세대예요. 안산 도일에서 부천까지 경원여객이 운행을 했는데 비포장도로였어요. 가다 보면 정거장 있잖아요. 정거장마다 내릴 때쯤 해서 "야, 이 씨발놈아. 너 이리 와!" 그래 가지고 뒤에서 뒈지게 패고, 아니면 동네에서 "니들 내려. 다 내려! 이거 우리 지역이니까." 그렇게 군기를 많이 잡았어. 선후배 관계가 확실했죠, 우리 때는. 지금같이 개판은 아니었죠, 학생들은.

조동주는 성격이 정말 불같은 사람이었다.

조동주 내가 종교가 없는데요. 밤마다 그런 생각을 했어요. 진짜 현장이 그립더라고. 병원에 있는데, 현장 가서 일만 하게끔 되면 좋겠다 싶었어요. 외골수들, 진짜 정신 투철한 사람들은 계속 가잖아요. 그런데 나는 그건 바보짓이라고 생각을 한 거예요. 그러니까 너무 조합에 깊게 빠지는 것도 아니라고 생각해, 내 생각엔. 나는 분명히 우리 가족 생계를 책임질 가장이기 때문에 그 생각을 한 거예요. 집사람한테도 그랬어요. 한 6개월까지는 버티다 안 되면 나는 그만두겠다고.

사이.

작가 그러면 주변에 친한 분들 중에 이탈한 분은 없어요?

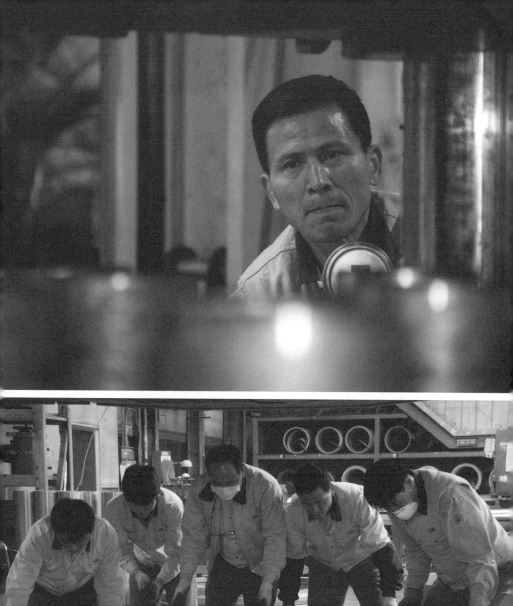

조동주 있잖아요. ○○○ 씨. 우리 반도 있었어요. ○○○ 씨.

조동주는 직장폐쇄 기간 동안 이탈했다가 직장폐쇄 철회 이후 함께 일하게 됐지만 사과하지 않은 사람들에 대해서 '퇴치운동'까지 하기도 했다. 정말 불같은 사람이었다.

조동주 저는 성격이 다혈질인데요, 품을 땐 또 확실하게 품어요. 그래서 내가 장○○ 씨도 진짜 완전히 빨갱이[✗]였는데 조합에서 품자고 해서, 현장 형님이고 그래서 내가 악수했어. 그러고 나서 지금은 인사도 하고 해요. 내 마음은 솔직히 말해서 다 품고 싶어. △△△ 걔도 또 공을 잘 차거든요. 그러니까 욕심이 나는 거지. 그래서 저번에 축구부 총회 할 때도, 야 △△△ 다시 받자, 씨발 다 받자, 그랬어요. 유상기 씨가 지금 축구부 회장이에요. 알고 있다고, 시기를 좀 더 보자고 얘기를 하더라구요. 사무실 사람들도 어떻게 보면 피해자잖아요. 그 사람이 무슨 힘이 있겠어요. 일단 목구멍이 포도청이라고 그냥 가정 지키기 위해서 그렇게 한 거잖아요. 시키는데 안 해? 짤리려고 안 해? 사무실은 파리 목숨인데? 조합은 조합의 울타리가 있잖아요. 근데 걔네들은 방어벽이 없잖아요.

조동주는 성격처럼 말도 과격하게 하는 데다 욕을 너무 많이 섞었다. 그래서 책에 그대로 실어야 하나 하는 고민이 들었다. 막상 만나 얼굴을 보면서 얘길 나누면 그 욕이란 게 그냥 이 사람의 자연스러운 모습이구나, 하는 생각이 든다. 원고를 들고 3공장을 찾아갔더니 노동자들은 껄껄 웃으면서 그냥 저 사람은 원래 말을 저렇게 하는 사람이라고 책에다 적어두라고 했다. SJM에서 근무하는 분들이라면 그를 잘 알 테니까 그다지

✗ 직장폐쇄 기간 중 회사 측에 섰다는 의미이다.

걱정은 안 되지만, 그를 모르는 독자들에겐 어떤 느낌일지 궁금하다. 조동주에게 원고를 내밀었더니 알아서 하라며 손사래를 쳤다. 나중에 내용을 수정하라는 연락도 없었다. 그는 여전히 그저 '일벌레'였다.

그런데 조동주에 관한 원고를 정리하다가 문득 스타케미칼의 차광호가 생각났다. 그가 해고자 복직 등을 요구하며 45미터 굴뚝에 408일 동안 올라가 있어야 했던 공장이 있는 곳은 그가 어린 시절을 보낸 마을이라고 했다. 어린 시절을 보낸 고향 마을이 '최전방'이 되었던 것이다.

한번 들렀더라면

이용호는 1966년생 강원도 영월 태생으로 나와 고향이 같았다. 그는 영월 가곡에 살면서 영춘장 별방장에도 갔다. 나는 그저 너는 별방에서 태어났다고 어려서 엄마에게 들었을 뿐 별방도 영춘도 기억에 없다. 언젠가 형들이 별방 옛집터에서 '나쁜 새끼가 엄마만 놓고 집에 잘 안 들어와서 엄마가 많이 마음 아파했다.'며 아버지를 욕하며 울었다.

어린 나는 포대기에 업혀서 고모와 엄마를 따라 청풍으로 이사했고, 이용호는 가곡중학교를 마친 다음 구로공단으로 갔다. 68년생 우리 큰형은 청풍중학교를 졸업한 뒤 영등포 신세계백화점 건설현장으로 가서 벽돌을 짊어지고 하늘을 오르내렸다.

열아홉 살 이용호는 구로공단 시장통에서 친구들과 순대와 곱창을 먹다가 처음으로 노동가요를 들었다. 88년에 안산에 처음 와서는 먼저 와 있던 동생과 월세를 살면서 텐트 만드는 회사에 들어갔다. 바로 앞에 있는 회사에서 시간만 되면 '배고파 못 살겠다. 임금인상 쟁취하자'는 현수막을 쫙 펼쳐놓고 북과 꽹과리를 치는 노동자들을 보았다. 주인집 아저씨가 자동차 휠을 만드는 작은 회사에서 민주노조의 씨앗을 뿌리고 있었다. 그는 형이 된 아저씨를 통해서 노동조합을 알게 됐고 그 회사에 취직까지 했다. 그 형에게 '어용노조'라는 것도 배웠다. 그 무렵 노조 집행부는 임금단체협약이 끝나면 박수 한 번 치고 "얼마 올랐습니다." 말한 다음 한자(漢字)로 방 하나 붙이고 말았다. 노조 위원장이란 사람은 출근하면 자기 차나 닦고

손질하면서 시간이나 보내다가 집에 갔다.

잠시 회사를 그만둔 이용호는 제천 금성면 사곡리에서 구판장을 하는 어머니를 도왔다. 나는 제천중학교에 잠시 다녔던 88년 봄, 주말이면 버스가 들어가지 않는 우리 마을을 향해 걸어갔다. 고갯길을 오르다 보면 그가 어머니를 도와 일했다던 마을 구판장이 나온다. 한번 들렀더라면 그와 어머니가 머물렀던 집을 기억이라도 할 텐데 집 앞에 서 있던 느티나무만 기억났다. 그는 까스명수 같은 약을 싸게 떼러 갔던 제천의 동산약국을 기억했지만 내가 어릴 적 아버지를 따라 말린 고추를 팔러 나갔다가 엄지 발끝에 신발 속 끝을 맞춰보았던 신풍신발은 기억하지 못했다.

그가 제천 중앙시장에서 호프집을 하다가 털어먹고 안산으로 돌아와 SJM에 입사한 것이 93년이었다. 지금의 2공장 근처 다른 회사에 면접을 갔더니 서류를 넣기도 부담스러울 만큼 작업환경이 안 좋았다. 터덜터덜 걸어오다가 SJM 경비실에 붙은 채용공고를 본 게 운이 좋았다.

입사한 지 꼭 20년이 되던 2012년, 그는 727을 맞았다. 용역들에게 조합원들을 때리지 말라고 손을 들었다가 곤봉에 맞아서 손가락 두 개가 세 조각씩 나버렸다. 발가락과 무릎 뒤쪽도 걷어채였고 몸 전체가 멍투성이가 됐다.

2014년 4월 16일 아침, 공장에서 작업을 하고 있는데 수학여행 가는 학생들이 탄 배가 가라앉고 있다는 얘길 들었다. 앞집에 사는 큰딸 친구가 수학여행을 가는 중이라고 했다. 아내에게 알아보라고 했더니 그 아이는 속리산인가 설악산으로 가는 중이었다. 얼마 후 애들은 어떻게 됐냐고 물었더니 다 살았다는 뉴스가 나왔다고 했다. 큰딸이 원래는 1순위로 단원고에 지망했다가 다른 학교로 배정된 터였고 작은애는 단원중학교에 다니고 있었다. 큰애 친구들이 많이 세상을 떠났다. 세월호에 탔다가 돌아온 아이가 이따금 밤늦게 집에 와서 밥을 먹고 잠도 자고 갔다. 그는 노동조합 활동을 하면서 깨달은 대로, 가난하거나 어려운 처지에 있는 친구들을 만나거든 절대 멀리하지 않으면서 그 친구가 기분 나빠하지 않도록 배려하면서 도울 수 있는 부분을 찾으라고 딸들에게 가르치는 아빠였다.

도구와 인간 사이에
우리가 놓여 있는
거죠

정준위(42)의 형제는 원래 6남매였다. 형과 준위만 남고 나머지는 모두 세상을 떠났다. 결혼한 어머니가 1930년생이고 아버지가 33년생이다. 큰누나가 50년생, 둘째누나는 52년. 형들은 2년 터울로. 준위는 막내. 큰누나는 한국전쟁이 일어나면서 100일도 못 되어 죽었다. 폭탄소리에 놀라서. 큰형도 한국전쟁 끝나고 병으로 죽었다. 아버지는 준위가 세 살 때 정선 구절리 탄광촌으로 들어간다.

정준위 어머니는 하숙을 하셨는데 읍내하고 되게 멀어서 아버지가 지게 지고 공판장 같은 데 가서 부식을 사러 올라갈 때 따라갔던 기억이 나요. 내려올 때는 지게 타고 왔는데 뭐 하나 입에 물려주면 내가 걸어서 올라간다는 거야, 고집이 셌다고 하더라고요. 고등학교 때 성격이 많이 변했어요. 고1 때, 그러니까 90년에 영월공고 두 달 다니다가 전학 와서 졸업도 여기서. 안산 군자공고에 다녔어요. 새 친구를 만들어야 하니까 시골 살 때랑은 많이 달라지게 되더라고요, 성격 자체가.

정준위가 SJM에 입사한 것은 1999년이다. 97년에 제대하고 전자회사를 다녔는데 전자회사마다 부도가 났다. 98년 2월에 친구와 창업을 해서 향수 장사를 한 적도 있다. 돈

관리를 잘 못해서 말아먹고 SJM으로 왔다. 고등학교 동창의 동생이 SJM 경리과에 있었던 것이다.

석탄산업합리화사업이 추진될 당시 태백민주시민회를 구성하였던 김범식에 따르면 석탄산업합리화사업으로 폐광사태가 속출하면서 집단이주가 불가피해진 광산촌 사람들이 당시 구인난에 비상이 걸려 있던 반월공단에 구전(口傳)을 타고 모여들어서 지금까지 안산시민 중 일부를 구성하고 있다.[*] 안산시 인구 76만여 명 중 20퍼센트가량인 15만여 명이 강원도 출신으로 추산되며, 그중 40퍼센트가량이 폐광지 출신이다. 이들의 자녀들 중 일부가 세월호에 탑승했다.[**] 정준위에게 광부였던 아버지에 관해 조금 더 물어보기로 했다.

정준위　아버지가 광부였잖아요. 80년대 초중반에 파업도 하고 그랬어요. 기차 대절해서 어디 다 집결하고. 그래서 저는 원래 저렇게 하는 거구나 하는 인식은 있었는데 왜 하는지는 몰랐죠. 당연히 으레 하는구나 생각했지. 80년대, 제가 초등학생 때 사북항쟁 있고. 사북 동원탄광부터 해서 큰 탄광이 많잖아요. 근데 구절리는 거기서 기차 타고 1시간 반 정도 들어가야 했어요. 사북에서 구절리, 비둘기호 탔었죠. 엄청 걸렸죠. 같은 정선군인데 구절리는 꼭대기에 있고 사북 고한은 여기 맨 밑에 있는 거라. 사북 고한 지나다 보면 태백 나오고 그러니까. 그런 걸 많이 봤어요. 시위하는 거. 과격한 건 아닌데 그런 걸 보다 보니까 자연스럽게 이런 걸 도시에서도 하는구나 했죠.

[*] 안산인터넷뉴스, 2014년 2월 24일. SJM에는 정준위 외에도 탄광 출신이 많았다.
[**] 경향신문, 「폐광 후 찾은 '기회의 땅' 안산…… 친인척 많은 강원도민들도 '패닉'」, 2014년 4월 20일.

어렸을 때 아버지가 광부들과 운동장에 모여 있는 모습을 자주 봤다고 했다. 정준위는 아버지가 일하던 광산에 많이 갔다.

정준위 터널에서 석탄차 나오는데 들어갈 때는 하얬는데 나올 때는 깜둥이가 되어 나오니까 그 사람들 무섭다고 도망갔던 기억도 나고. 초등학교 가기 전에는 저도 석탄차를 타고 갱도에 내려가 보기도 했는데 재밌었어요. 일반열차처럼 갱도가 비스듬하게 가는 게 아니라 진짜 고꾸라져요. 진짜 장난 아니에요. 수직갱도는 진짜 수직이잖아요. 구절리는 강을 사이에 두고 광산을 파서 지하로 강을 건너도 봤어요. 두 개가 지하에서 연결이 돼요.

SJM 회사 측이 2012년 용역을 투입하기 직전 상황이 어땠는지 물어보았다.

정준위 제 기억으로는 2000년, 2001년 파업을 하고 그 이후에는 파업을 거의 안 했어요. 그리고 교섭도 기업별교섭에서 산별교섭으로 넘어가면서 현장에 동력이 실리지 않는 거죠. 저희는 보충교섭이라 해서 실질적으로는 저희 지회에서 다 했다고는 하지만, 현장 조합원들은 지부 집단교섭이 어떻게 돌아가는지 중앙교섭은 어떻게 돌아가는지 이해도가 떨어지고, 동력도 떨어졌던 것이 사실이죠. 그러다 보니까 현장 조합원들은 조직력을 갖춘다기보다 자기 안위를 먼저 챙기게 됐던 거죠. 그렇게 2001년부터 흐름이, 조합원 조직력이 떨어지다가 2009년, 2010년에 가서는 완전 바닥을 찍었다고 보시면 될 거 같아요.

임원으로 출마하기가 쉽지 않았을 것 같았다.

정준위 2011년 선거 당시 수석부지회장으로 출마할 때도 김영호 지회장 전
화가 왔는데 이걸 받을까 말까 고민하다가 받았죠. 왜 나냐고. 기율
이 형 때(전대 집행부) 힘든 게 법적으로 두 가지 큰 사건이 일어나요.
타임오프(time-off) 제도라고 2010년에 노동부 기준 전임자 근로시
간 면제 기준이 300인 이하 사업장은 전임자를 두 명까지밖에 둘 수
가 없게 됐어요. 저희가 지금 전임자가 여기만 세 명(지회장, 수석부지
회장, 사무장) 있잖아요. 이 세 명 외에 파견자가 한 명 있어요. 원래 법
적으로는 두 명밖에 안 되어서, 회사에서 처음에는 법적 전임자 외에
는 월급을 안 줬죠. 또 하나, 복수 노조(교섭창구 단일화제도)가 2011년
부터 허용됐다고요. 노동법 개정이 그때 7월 며칠쯤에 바뀌었는데 기
율이 형 집행부가 방어하기도 급급했어요. 퇴직연금 건도 있었어요.
이건 뭐냐면 퇴직금은 중간정산할 수도 있었고, 퇴직 잉여금은 회사
에서 관리를 했죠. 그런데 퇴직연금으로 전환하면서 지금은 은행권,
금융권에서 관리하죠. 모든 회사가 다 그런 건 아닌데, 저희는 단협
이 있어서 아직 회사가 관리를 해요. 보통 운영을 어떻게 하냐면 퇴
직금이 100이라 그러면 30을 은행권에 위탁을 보내고 40은 그 회사
에서 관리를 한다고요. 그래서 이 사람이 퇴직금 중간정산한다 그러
면 사내보유금을 빼서 주거든요. 근데 지금은 퇴직연금제로 바뀌면
서 사내보유금이 없어지고 전부 다 금융권에 맡기는 거예요. 퇴직금
을. 그래서 금융권에서 관리를 하고 중대한 사유가 아니면 중간정산
도 폐지를 시켰죠. 생애 최초 집을 산다든가 중대한 병에 걸린다든가
이런 몇 가지를 빼고는 퇴직금을 중간정산할 수가 없게 됐어요. 어지
러운 사건들이 2010년, 11년에 많았죠. 그런 분위기에서 회사 측이
그때 징계를 하기 위해서 (딱지를 떼는 시늉을 하며) 이걸 발부해요. 차
장이나 과장이 조합 사무실에 와가지고. 질책하는 목소리로 "지금 근

무시간에 조합 사무실에 앉아서 회의하고 있냐." 하면서 조합 사무실에 들어오지 말라는 거예요. 회사가 그동안 그냥 풀어놓았다가 쪼이기 시작한 거죠. 근무시간, 현장통제 이런 것도 엄청 심하게 했어요. 현장조합원들이 위축 많이 됐죠. 간부들은 "이래도 되냐. 뭔가 우리가 해야 되지 않냐." 불만이 터져 나오는 거고. 그런 갈등을 어떻게 완급 조절하면서 갈 것이냐. 지금 여기서 도발을 하라고 쟤네가 꼬시는 거다, 회사 측이. 회사 측에서는 집행부 날리는 게 최급선무니까. 도발하면 지회장이나 임원들 해고 통보하면 되니까. 도발에 말려들 것이냐……

그 무렵 3공장에서 큰 산재사고가 터졌다. 금형(벨로우즈를 만들기 위한 큰 원형 틀)이 넘어지면서 머리가 20센티미터나 찢어지는. 그런데 회사 측 안전 관리자가 "니들 뭐했냐, 지금 사망사고에 이를 뻔했는데 너네 뭐했냐." 도리어 질타를 했다. 뭐라도 해야겠다는 생각에 중식집회를 시작했다. 점심밥 먹으러 가기 전에 모여서 짧게 구호를 외친 것이다. 회사 측 안전 관리자를 아웃시키고 안전 관리자를 다시 선임하라고 시위를 했다. 5분, 길면 10분.

SJM에서 '주간연속 2교대'가 시행된 것은 2011년도 12월 5일부터다. 두원정공에 이어서 두 번째 사례다.[*] 사실 나는 SJM 노동조합을 취재하기 전에는 '주간연속 2교대'라는 말을 알지도 못했다. SJM 노동자들은 오전 오후 두 반으로 나눠서 2교대로 근무한다. 오후 3시 30분을 기준으로 오전과 오후 두 조로 나뉘고 밤 11시 50분 이후는 기계가 멈춘다. 심야노동이 철폐된 것이다. 나는 이날까지 심야노동이 비인간적인 일이라

---

[*] 매일노동뉴스, 「주간연속 2교대제 도입한 SJM 노사관계 악화일로」, 2012년 7월 25일.

는 생각은 하지 못하고 힘들지만 누군가는 해야 하는 일이라고 생각했던 것이다.

정준위　심야에는 공장이 안 돌아가요. 잔업도 없고. 그러다 보니 물량이 재고가 쌓이지가 않으니까 회사는 이제 급하죠. 3공장도 그렇고. 투쟁을 하면서 잔업도 거부하고 그러니까 회사 측도 좀 몰렸죠, 코너에. 노사 협의하는 자리에서 바이백(buy-back)**＊** 들어온 거 해명하라, 그러고. 바이백이 발견된 게 3월 7일인가 이랬어요.

그때 공장에서 음악소리가 들렸다. 하던 일을 멈추고 체조를 하라고 나오는 음악이었다. 나는 멍하니 음악소리를 들었다. 연극 대본을 쓰거나 연출을 하다가 내가 보고 느낀 것을 희곡이나 무대에 어떻게 옮기나 망연자실해질 때가 있다. 인터뷰를 글로 옮기는 일도 마찬가지인 것 같다. 내 눈앞에 앉아 있는 정준위의 생생한 표정과 목소리는 사라지고 없을, 종이 위에 인쇄된 글로 지금 이 느낌을 얼마나 전달할 수 있는 것일까.

상담실.

한때 기업노조의 사무실로 사용되었던 곳.

정준위와 내가 마주앉아 있다.

＊ "회사가 탄탄하게 성장하며 비교적 안정적인 노사관계를 유지해 온 SJM에서 노사갈등이 불거진 것은 회사가 노조와 협의 없이 산업용 벨로우즈를 생산하는 2공장의 물량을 외주업체로 하도급을 주면서부터다. 특히 자동차용 벨로우즈를 만드는 1공장에서 신규물량의 80퍼센트를 해외로 이전한 사실이 최근 공개되면서 노사갈등이 커졌다. 회사는 국내 원청사에 납품하는 물량까지 해외에서 생산해 국내로 수입·납품하는 바이백(역수입)도 노조 몰래 추진했던 것으로 드러났다." (같은 기사.) 바이백 문제에 노동조합이 민감한 것은 일거리가 줄기 때문이다. 일거리가 줄면 신규 채용 등에서 노동조합과 이해가 엇갈린다.

음악소리가 들린다.

침묵.

두 사람, 마주 본다.

침묵.

59일간의 싸움이 끝난 뒤로도 SJM 노동조합은 1년 넘게 두 개의 노동조합으로 나뉘져 살았다. 직장폐쇄 기간 회사 측에 섰던 노동자들이 썼고 지금은 상담실이 된 곳에 나는 앉아 있다. 기업노조가 사라지기 전까지 이 방에 앉아 있던 사람들은 무슨 얘기들을 나눴을까.

작가   저 소리는…… 이제 오전조가 끝난 건가요?
정준위 이제 오후조죠. 3시 40분이니까.
작가   아, 이제 오후조가 시작되는 건가요?
정준위 네.
작가   ……음.
정준위 3시 40분이죠?
작가   3시 36분요.
정준위 40분에 체조 끝나요.

침묵.

작가   실제로 체조를 하는 사람은 아무도 없죠?

정준위 …….

사이.

나는 다시 호흡을 가다듬었다.

정준위 2012년 2월부터 지회장님은 회사 측이 이상하다고 계속 생각하고 있었고, 그러면 준비를 어떻게 할 것이냐 고민하고 있는데, 3월 말부터 식당이 아웃소싱됐어요. 비정규직 다섯 명이 갑자기 채용됐고. 그래서 저희가 기업분석을 의뢰했어요. 사회진보연대 한지원 실장님한테. 그다음에 자문 변호사 육대웅 변호사님. 그러면서 조합원들한테 '회사 측이 강성 노동조합을 제압하려는 움직임밖에 없다.' 그런 교육들을 계속했어요.

당시 노조파괴 전문회사 '창조컨설팅'의 전략에 따른 노조파괴 시나리오는 이제 언론 보도를 통하여 세상에 많이 알려졌다. 단체협약을 게을리 하여 파업 유도 → 공격적 직장폐쇄 → 농성 → 용역 투입 → 폭력 저항하는 노조 집행부 체포·구속 → 손배 가압류 청구 → 조업 재개·조합원 개별 복귀 유도 → 어용노조 설립, 민주노조 탈퇴 후 어용노조 가입 유도 → 어용노조가 과반수 획득 후 단체교섭권 획득 → 민주노조 무력화 등 거의 공식이 되다시피 한 전략이었다. 이에 따라서 경주 발레오만도를 시작으로 KEC, 상신브레이크, 유성기업 등 민주노조를 깼던 파고가 SJM까지 향하고 있었다. SJM 집행부는 만일의 사태에 대비하여 비슷한 수법으로 노조가 깨진 회사들을 방문하여 조언까지 구했다.

이야기는 727 당일로 넘어갔다. 정준위는 26일 오후에 교육이 있어서 끝나고 회사로

들어왔다. 회사로 들어와서 주차장 천막 농성장에서 밥을 먹고 있는데 문자가 띠릭띠릭 왔다. 지회장님이었다.

— 한 명씩 조용히 민주노총 안산지부 사무실로 와라.

민주노총으로 가자, 전국적으로 깡패가 모이고 있는데 어디로 올지, 몇 명이나 올지 아직 확실한 건 아무것도 없다는 것이었다.

용역들이 모인 곳에 당시 금속노조 조직국장 김○○*과 윤△△이 가 있었다. 김○○은 용역들이 나눠주는 티셔츠도 받아서 입고 버스까지 탔다. 윤△△은 자동차로 이동하는 버스를 뒤쫓았다. 버스에 탄 김○○과 뒤쫓아가는 윤△△은 카톡으로 정보를 주고받았다.

'지금 ○○로 갈 것 같다.'
'장소를 안 알려준다.'
'경부 고속도로 타고 갔다.'
'근데 영동 고속도로를 탔다.'
'인천 아니면 안산이다.'

사실 이날 모인 용역들이 더 많이 투입된 사업장은 자동차 부품업체 만도의 경기 평택, 강원 문막, 전북 익산 공장이었다. 평택공장에 600여 명, 문막공장에 500여 명, 익산공장에 300여 명의 용역이 투입됐지만 만도 노조는 하루 동안 파업을 벌이기로 해 노조

✱ 김○○의 친구 중에 용역이 있었다. 그가 준 정보로 금속노조 조직실은 용역들의 움직임을 계속 추적할 수 있었다.

원들 대부분은 휴가를 떠난 상태여서 물리적 충돌은 없었다.[✖]

사실 나는 안산지역에 대해 아는 바가 없어서 민주노조가 많은 것으로 착각하고 있었지만 전혀 그렇지 않았다. "SJM이 깨지면 여기 안산에 있는 민주노조들은 다 깨진다고 봐야죠." 정준위의 말이었다.

정준위 사실 안산은 산재사고로 사람이 사망을 해도 기사 한 줄 안 나는 동네예요. 반월공단 여기가 영세기업체고 뭐고 시화공단 다 합쳐서 업체만 3만 개가 넘어요. 영세업체들이 그렇게 많다는 거예요. 세 명, 네 명, 다섯 명, 열 명 이렇게 일하는 데가. 다들 아웃소싱을 하고. 사장이나 노동자나 거기서 거기인 그런 회사들도 많고. 그러니까 여기가 파견업이 많을 수밖에 없는 게 영세하고 다 아웃소싱해버리니까 일이 있을 때는 갖다 쓰고 일 없으면 임금 줄 돈이 어디 있냐, 정규직 못 쓴다. 자기들 논리는 이제 그런 거죠. 소사장들 하는 소리가. 필요할 때만 사람 불러서 쓰고…….

연극 〈노란봉투〉 관객 대화에서 하루는 시화공단에서 일하는 노동자가 온 적이 있다. 연극의 2막에서 공장 노동자 한 명이 목을 매서 자살을 하자 현장에서 일하던 노동자들이 공장 마당으로 몰려나오는 장면이 있었다. 그는 이건 현실과 맞지 않다고 했다. 누가 자살해도 잘리고 싶지 않으면 그냥 일해야 한다면서 그는 '연극은 잘 봤다.'고 했다. 노동자들은 그저 '도구'처럼 사용되고 있었다. 나는 그에게 아무 말도 할 수 없었다.

✖ 경향신문, 「파업 만도·SJM, 무장용역 투입·직장폐쇄」, 2012년 7월 28일.

작가　그날 폭력사태가 전개되는 동안 정신없으셨겠지만 무슨 생각하셨어
　　　　요?

정준위　콩밥을 처음 먹겠구나, 이런 생각. 왜냐하면 회사 측하고 이런 식으
　　　　로 노사갈등 나면 노동조합 편은 없잖아요. 당연히 노동조합이 아흔
　　　　아홉 명 들어가면 기업주나 이런 사람은 한 명 감옥에 들어가는 것도
　　　　보기 힘든데. 당연히 감방 갈 줄 알았죠. 이제 콩밥 먹고…… 우리 엄
　　　　마, 어떡하지? 뭐 이런 생각이.

나는 인터뷰를 진행하는 동안 몇 번 노동자들의 집에 가서 잤다. 아침밥 차려주던 머리
새하얀 정준위의 엄마가 생각난다. 엄마는 막둥이가 나가서 나쁜 행동 안 하고 착실하
게 회사 다니는 줄만 알고 있는데, 본의 아니게 감방 갔으면 엄마 속이 얼마나 타들어
갔을까.

정준위　용역들이 들어오는 게 확실시되면서 당연히 저는, 아…… 구속이 될
　　　　거라고 예상을 했고. 어차피 책임을 누가 지고 가야 할 것이냐, 지회
　　　　장을 살려서 조직 보호에 힘써야 될 거 같고…… 법은 우리 편이 아
　　　　니니까. 정치권, 여론 다 안 믿었죠. 솔직히 용역 측이 폭력을 행사하
　　　　지 않았으면 그렇게 큰 호응을 얻기 힘들었다고 봐요. 피가 난무하고
　　　　했으니까 시각적으로 강렬해서 저건 너무한 거 아니냐, 걱정해준 거
　　　　지. 그게 아니었으면 쟤네 또 돈 더 달라고 저러는 거 아니야, 이렇게
　　　　비아냥거리면서 볼 수 있는 시각이 너무 팽배하다 보니까.

정준위는 59일, 그러니까 거의 두 달을 조직체계를 갖춰서 자기가 맡은 일만 서로 지
킬 수 있도록 노력하면서 보냈다. 조합원들도 동으로 서로, 시키면 간다 이런 정신으로
움직였다. 59일 동안은 너무 바쁘다 보니 눈 코 뜰 새 없이 지나가버렸다. 27일 그 아

침에는 그 병원에 가서 머리 꿰매고 두 시간 정도 있다가 나왔다. 소화기에 맞아서 옷은 지저분했고 한여름 뜨거운 햇살은 강렬했다. 그날 저녁까지 회사 앞에서 그 상태로 집회를 하고 시위를 했지만 하나도 졸리지 않았다. 밤을 꼬박 새웠는데 울분이 계속 차올랐던 것이다. 고등학교 동창모임에서 친구들이 물을 한 30만 원어치 사다준 일도 있었다. 군자공고 출신이니 친구들 중 토박이들이 많고, 카센터 사장님, 회사 다니면서 아웃소싱 사장 하는 친구들, 파견업체 사장 하는 친구들이다. 그 친구들과 사이는 어떨까 궁금했다.

정준위 뭔 자릴 가면 항상 싸우죠. 이런 보수꼴통 같은 새끼들 이렇게 욕하고. 친구들은 빨갱이 새끼들 이러고 욕하고. 농담으로 그랬는데. 이런저런 얘기들 많이 해요. 말싸움이 영 깊게 들어갈 때도 있고…… 삶이 그냥 그렇죠, 뭐. 그래도 친구가 어렵다고 얘기하면 도와줄 놈들이기 때문에. 이념이나 이런 걸 떠나서. 속마음을 들여다보진 못했지만 어차피 고용주 입장에서 보면 노동조합이라는 게 눈엣가시 같은 거 잖아요. 얘네만 없으면 새로운 것도 해볼 만하고 다른 것에도 한눈팔 수 있는데 얘네 때문에 이윤이 점점 줄어들고 있어. 왜? 과도한 복지를 요구하고 과도한 임금을 요구하고 옆에만 둘러봐도 비정규직 파견직 쓰고 반값도 안 줘도 되고 생산비용이 줄어드는데 당연히 그런 생각들이 들지 않을까 싶은 거죠. 하지만 우리도, 회사에 근무하는 노동자들도 사람인데 사는 데 필요한 돈이 있는 거잖아요. 자본의 입장에서는 우리 노동자들이 도구로서의 역할이냐 인간으로서 존중하며 같이 가는 대상이냐, 도구와 인간 사이에 우리가 놓여 있는 거죠. '내가 너네를 먹여 살려야 되는데……'라고 자기들이 베푼다는 생각을 하고 있어요.

작가 역으로 노동자들이 경영자들을 먹여 살리는 거 아닌가요? 칼 마르크

스가 『자본론』에서 해명하였듯 이론적으로도 노동자들이 벌어다가 월급만 받고 나머지는 경영자에게 주는 건데…….

정준위 이 사람들이 노동조합을 보는 시각을 조금만 달리해도 이 정도까진 아닐 텐데. 내가 언젠가 성림유화 총회를 할 때 갔어요. 성림유화라고 안산에 폐기물업체가 있어요. 노동조합 총회를 갔는데 대표이사가 인사를 왔더라고요. 그런데 처음에 묵념을 하고 '임을 위한 행진곡'을 부르잖아요. 같이 일어나서 팔뚝질 하더라고요, 사장이. 신선했어요.

작가 노동조합을 바라보는 관점이 어떠냐에 따라서, 노사관계도 많이 좌지우지되는 것 같아요. 제가 세월호 참사를 생각할 때마다 드는 생각이, 사람들이 선장이나 승무원 그러니까 노동자 개인에 대한 책임만 말하고 노동조합이라는 조직의 책임을 묻지 않는다는 것 자체가 한국사회의 비극이다, 이런 생각이 들어요.

나는 노란봉투 캠페인을 노동조합에 대한 부정적인 인식을 넘어서서 시민이 노동자이고 노동자가 곧 시민이라는 캠페인으로 받아들였다. 정준위와의 인터뷰는 매우 길고 자세한 것이었지만 지면 관계 때문에 너무 많이 줄이게 되었다. 정준위는 나를 데리고 다니며 일일이 공장도 안내해주고 몇 번이고 반복해서 설명도 해주었다. 그는 지금 임원 임기가 끝나 현장으로 돌아가 있다.

노동자 없는 회사가
어떻게 굴러가랴

///

김영학은 1958년 경북 봉화군 법전면 널산리에서 태어났지만 호적에는 1962년 생으로 되어 있다고 했다. 이사를 많이 다니다가 고등학교를 졸업한 뒤 서울 성북구 하월곡동으로 갔다. 중학교 때 친구와 자취를 하면서 염색공장에서 일했다. 염색을 끝낸 커다란 원단을 세척하고 나면 꼬깃꼬깃해지는데, '수지'에 물을 타서 다리미로 원단을 빳빳하게 다리는 것이 일이었다. 여직원들이 '미싱'으로 원단을 길게 연결한 다음 기계로 한 바퀴 돌려서 포장까지 해주면 청계천이나 동대문으로 직접 배달까지 했다. 폭이 2미터에 길이가 20미터나 되는 원단이 봉제공장으로 넘어가면 커튼도 되고 청바지도 됐다.

제대하고 봉화에서 과수원을 2년 정도 하면서 86년생 딸 하나 87년생 아들 하나를 낳았다. 과수원이란 것이 농약값을 제하면 남는 것도 별로 없었다. 둘째를 낳고 보니 돈도 필요하고 해서 태백 탄광으로 갔다. 그 무렵 한 달에 60만 원에서 많이 받으면 80만 원까지도 받을 수 있었다. 그는 채탄(採炭) 일을 했다. 선산부(채굴)가 다이너마이트 발파를 하면서 굴을 파면 후산부(채탄)는 쏟아져 내린 탄을 캐서 '구루마'에 실어 지하(막장)에서 지상(난장)까지 광차로 끄집어냈다.

탄이 있는 곳을 따라서 막장 속 깊은 곳으로 들어가다 보면 수평 길만 있는 것은 아니었다. 탄을 따라 경사로로 올라가거나 내려오다가 갈림길을 만나 갈라지기도 했고, 때로는 수직으로 마주 서야 하는 날들도 있었다. 탄을 따라서 가는 길은 탄이 떨어져야 돌아올 수 있는 길이었다. 하루는 막장이 무너져 내리면서 동발(버팀목)을 세우던 동료가 탄더미에 묻혀버리는 걸 봤다. 그는 서둘러 손으로 탄을 끄집어냈다. 얼마 안 있어 동료의 머리와 어깨가 드러났다. 탄이 떨어지면서 뒤통수를 쳤는지 눈알 하나가 빠져 있었다. 탄을 뒤져서 얼른 찾았지만 눈알에 탄이 너무 많이 묻어버린 뒤였다.

그런 일을 겪고 나니 더는 일을 할 수가 없었다. 동생이 먼저 정착해 프레스 일을 하고 있던 반월공단으로 온 것이 1989년이었다. 석탄산업합리화조치가 본격화되기 직전이었다. 안산역이며 반월공단 여기저기에 채용공고가 붙어 있었다. 반월공단을 돌아다니다가 경비실 창문에 붙어 있는 모집공고를 보고 SJM에 입사하게 되었다.

그는 96년 파업에서 노동조합이 이기기 전까지만 해도 노동조합 좋은 것을 몰랐다. 다른 사람들이 파업할 때도 그냥 공장에서 일했다. 그런데 노동조합이 이기고 나자 뭔가 달라진 것을 느낄 수 있었다. 너무 피곤해서 하루 쉬고 싶어도 눈치가 보이던 회사였다. 그런데 다쳤을 때 눈치 안 보고 병원에 가도 되는 것이 퍽 신기하고 좋았다. 전에는 다쳐도 회사에 잘 보여야 한다는 생각에 병원에 가는 것조차 망설였던 그였다.

그는 직장폐쇄 동안 하루도 쉬지 않고 '출근'했다. 하루 이틀 지나면서 한두 사람씩 회사로 들어가자 이렇게 다 깨지는 건 아닌가 하는 걱정도 했다. 하루는 지회장이 사람들을 모아놓고 "이대로 그냥 끝내고 각자 알아서 들어갈까요?" 하고 물었다. 지회장은 노조가 지더라도 복귀는 할 수 있을 거라고 했다. 하기야 노동자들 없는 회사가 어떻게 굴러가랴. 회사 측이 바라는 것은 노동조합을 운영할 수 있는 핵심 간부들을 자르는 일일 터였다. 그도 밖에 남기로 했다. 그해 여름, 그는 열목어가 사는 고향 계곡으로 가족과 해마다 가던 휴가를 가지 못했다.

억울하게 당했으니 그냥 나갈 수는 없다

이경원(35)을 만나야겠다고 생각한 건 김용기[✷]를 만난 뒤였다. 2012년 4월쯤 갑자기 이경원이 비정규직으로 채용되어 들어왔고, 이어서 네 명이 더 비정규직으로 들어왔다. 김용기는 말하자면 그들을 '프락치'로 의심했던 것이다. 그들은 1년 계약으로 들어왔지만 언제 끝날지도 모르는 싸움에서 59일 동안을 같이했다. 어떻게 그럴 수 있었는지 궁금했다. 김용기는 훗날 '이런 사람이 또 있을까?' 싶을 만큼 심지가 곧은 사람이라고 했다. '아, 저 상황에서 나도 과연 저렇게 할 수 있을까.' 하는 생각도 하게 됐다고 했다. 만나보지 않을 수 없었다.

작가　제가 만나고 싶었던 건, 비정규직으로 입사를 한 탓에 작은 김용기 선생님한테 의심을 받으셨다고…….

이경원　'용기 형님이 또 얘기를 하셨구나.' 생각했어요. 저희 비정규직 다섯 명 중에 제가 그나마 2주 먼저 들어왔거든요. 혼자.

작가　처음엔 마음을 잘 안 주셨다고 하더라구요.

✷ 내가 만나서 인터뷰한 김용기는 모두 두 명이다. 큰 김용기가 사무장이고 이분은 작은 김용기다. 작은 김용기는 59일 동안 회사를 감시하기 위해 쌓았던 '망루'를 맡았던 사람이다.

이경원 원래 기계 쪽에서 일하시는 분들이 워낙 무뚝뚝하긴 한데…… 유독 여기는 일도 잘 안 가르쳐주고 인사를 받아주는 분도 많지 않았어요.

작가 뭔가 이상했겠구나. '이 사람들 도대체 뭐지?' 약간 그런……. 그러면 입사하신 게…….

이경원 2012년 4월 9일요. 노사가 서로 안 좋을 때라고 들었어요.

작가 노조 입장에서는 갑자기 비정규직이 채용돼서 들어오니까.

이경원 저는 구직을 하는 입장이었고, 계약직임에도 불구하고 조건은 굉장히 좋아서 일단은 넣었는데 거의 500명 가까이 지원했던 것 같더라구요. 1년 계약이었어요.

작가 괜찮은 조건이라는 건 월급을 얘기하는 건가요?

이경원 급여하고 근무시간. 주 5일 근무 이런 것들. 여기 오기 전에 ○○전기에서 PCB쪽 일을 했는데…….

작가 PCB가 뭐예요?

이경원 인쇄 회로 기판. 반도체가 올라가는 그 밑에 있는 기판이라고 보시면 돼요.

작가 회로…… 그 판을 만드셨어요?

이경원 예. 거기는 주야 2교대였어요. 주야 2교대를 안 하고 싶었는데 달리 뭐 선택할 길이 많지가 않아서. 그런 걸 본 적이 없어서.

내가 그랬듯 이경원도 주간연속 2교대가 있다는 것을 몰랐다고 했다. 2교대라면 주간, 철야 1주씩 돌아가면서 교대하는 방식만 생각했던 것이다. 내가 가본 제조업 공장들은 모두 기계가 24시간 돌고 거기에 사람들이 맞춰서 2, 3교대로 돌았다. 하지만 주간연속 2교대는 말하자면 사람의 생체리듬에 기계가 맞춰서 돌게 하는 방식이었다.

작가 고향이 어디세요?

이경원 제 고향을 물어보면 부산이라고 얘기는 하는데. 사실은 저도 모릅니다. 제가 어릴 때 부모님이 저를 버리셔서. 그냥 길에 버리셔서. 이제 재단이라고 표현을 하는데 보통 고아원이라고 얘기하죠.

작가 아, 고아원으로……. 몇 살 때예요?

이경원 네다섯 살 정도로 추정을 하고 있어요.

작가 지금도 부모님 소식은 모르구요?

이경원 네. 우리 재단 같은 경우에는 굉장히 크거든요? '소년의 집'이라고. 초등학교만 서울하고 부산 두 군데가 있구요. 필리핀에도 있고 멕시코에도 있고. 지금은 알로이시오 초등학교로 바뀌었을 거예요. 알로이시오 중학교. 그리고 알로이시오 전자기계 고등학교.

작가 재단에서 쭉 성장과정을, 교육을 담당해주는 거군요.

이경원 네.

작가 그럼 여기는 종교가 기반인가요?

이경원 네. 천주교.

작가 그러면 좀 다른 경험을 좀 하셨을 것 같아요. 어땠어요? 특별하다고 할 수 있나요?

이경원 특별하다고 생각은 하지만 굉장히 위축되거나 그렇지는 않구요. 사실 동정 같은…… 그런 모습으로 비춰질까 봐 조금 우려되는 부분도 있고 그랬어요. 사실 제가 먼저 얘기를 꺼내지는 않으니까요. 누가 자세히 물어보지 않는 이상.

작가 근데 10대나 20대 초반까지는 그게 내면에 어떤 영향을 미칠 수 있잖아요.

이경원 네. 그 안에 있을 때는 그런 걸 못 느끼죠. 아무래도. 주변 애들이 다 그러니까. 외부에 나갈 일이 없구요. 거의. 그리고 저 같은 경우는 운동선수 생활을 하다 보니까.

작가 운동선수를 하셨어요?

이경원 축구선수였어요. 축구부 활동을 하다 보면 활동적이고…… 대외적으로 나가게 되는데요. 그때 조금 느껴지는 부분이 있어요. 빈자리가.

작가 빈자리.

이경원 시합 나갔을 때……. 승패에 상관없이 그쪽 학부모들이 와서 이렇게 챙겨주고 응원해주고 이런 모습들이 있다면은 저희는 뭐 이겨도 그만 져도 그만.

작가 고등학교 때죠?

이경원 초중고 다요.

작가 초중고 다 축구선수였어요? 늘 그런 느낌이 있었겠네요.

이경원 늘 허전한 거 같았어요. 그냥 선생님 한 분밖에 안 계시니까.

작가 다른 사람은 응원 오던 분이 없었어요?

이경원 거의 없다고 보면 돼요. 중고등학교에서 전국대회 한 4강 이상 올라가면 학교에서 응원을 한 번 오든가 하구요. 이긴 날에도 잘 못했다고 얻어맞을 때도 있고.

작가 아, 때려요? 천주교에서 하는데 때려요? 또?

이경원 그건 또 별개죠. (웃는다.)

작가 아, 그래요?

이경원 폭력은 굉장히 많죠.

작가 아이고. 이겨도요?

이경원 이겨도 그다지 뭐 좋을 건 뭐 별로 없었어요.

작가 음…… 축구 자체가 좋았나요?

이경원 저는 처음에 축구를 시작했던 게 축구를 좋아하는 부분도 있었지만은 그 안에 있다 보면 먹는 게 한정되어 있는…… 어린 나이엔 더 먹고 싶으니까요. 축구부들은 그래도 빵하고 우유를 하나 더 주고 이런

게 있었어요.

작가 빵하고 우유를 하나씩 더 줬구나.

이경원 예. 그거 하나 더 먹어볼까 하는 마음에.

나도 중학교 때 식당에서 일하던 엄마가 안 먹고 가방에 넣어온 우유나 사과를 먹곤 하던 기억이 있다. 어릴 땐 그저 내 몫이려니 하고 먹었던 그 사과 하나, 우유 하나가 엄마에게도 참 먹고 싶은 것이었겠구나 싶은 생각이 스쳐 지나갔다. 문득 『전태일 평전』의 한 대목이 생각났다.

전태일은 아버지가 손수 만들어준 '빤쓰'를 입고 마라톤 대회에 나갔고, (배구 혹은 탁구) 아홉 번째 서브를 성공시키고 게임이 끝나자 체육대회의 마스코트가 된다. 사람들이 굉장히 축하해주자 전태일은 가슴이 뿌듯해진다. 그는 그때를 자기 인생에서 가장 행복했던 시기라고 말한다.

작가 살면서 누군가에게, 자주는 아니었겠지만 정말로 많은 축하를 받은 적이 있어요? 너무 좋을 만큼 그렇게 많은 사람들에게 축하를 받은?

이경원 음……. 축구부 생활하면서는 그러니까 어떻게 보면 형식적인 축하라고 할 수 있는데 저희가 입상을 하게 되면 전교생이 있는 데서 앞에 나가 상을 받는 그런 분위기도 있거든요. 형식적인데 진심도 있긴 하겠죠. 근데 다는 아니었고.

작가 학교에서 하는 축하는 뭐…… '너, 잘났다.' (웃으며) 이렇게 해서 주는 게 있는 거잖아요. 그래도 또 앞에 나가는 사람들도 부끄러우면서 또 뿌듯한. 그럼 선생님이 생각하시기에 내가 너무나 많은 사람들에게 진심으로 되게 뿌듯하게 뭔가 축하라고 해야 되나…… 받아들여진다고 해야 되나…… 그런 경험이 언제 있으셨어요?

이경원   많은 사람들한테 그런 느낌은 없었던 거 같구요. 사실상. 근데 개인적
             으로나 이렇게 회사를 다니다가 정말 친해진 어머님뻘 되는 분들이
             나 뭐 이런 분들이 그냥 진심으로 한마디를 했는데 그게 울컥할 때가
             있었거든요. 제 얘기를 처음에 안 하다가 좀 친해지면 하게 되잖아
             요? 과거 얘기를 하다가 알게 되면 저한테 잘 커줘서 뭐 고맙다……
             뭐 이런 얘기들을 해주셨을 때 굉장히 울컥하더라구요.

작가   (순간 울컥해서) "잘 커줘서 고맙다."

사이.

이경원   제가 고3 때 실습이라고 해야 되나요? 그때 LG전자를 나갔다가 거기
             서 적응을 못 하고 경기도 화성으로 가서 인벤트로전자라는 회사를
             다녔는데요 거기 계신 아주머니들하고 굉장히 친해졌어요. 다들 어
             머니처럼 대해주셨는데, 그때 한 분이 아마 약주를 한잔하셨던 거 같
             아요. 회식 때 제 손을 딱 잡으시고 그 얘기를 해주셨어요. 잘 커줘서
             고맙다고. 거기에 한 5년 정도 있었어요.

작가   왜 옮긴 거예요?

이경원   그 회사가 망하게 된 거죠. 2005년 정도에.

작가   음……. 그렇구나. 그럼 거기에서 SJM으로 바로 오신 거예요?

이경원   아니요. 거기 이제 그만두고 ○○전기를. 아까 얘기했던 PCB. 3년 정
             도 있었어요. 제가 돈을 벌고는 있지만 어른다운 대접을 받는다고는
             느껴지지가 않았어요. 그냥 하나의 도구나 부품 같은……. 끼워 넣었
             으니까 여기서 너는 돌아야 된다 뭐 그런…….

작가   SJM 오기 전에는?

이경원   인천에 있는 화장품회사에서 일을 했었어요, OEM 업체인데요. 트리

샤라는. 조그만 그런 매니큐어 만드는 회사였어요.

작가　매니큐어를 어떻게 만들어요? 되게 궁금한데요?

이경원　매니큐어 같은 경우는 원료가 굉장히 많이 들어가더라구요. 거의 서른 가지가. 그니까 하나의 베이스를 갖고도 여기 또 다른 원료들이 들어가서 배합이 되고 만들어지니까 공정이 의외로 굉장히 많아요. 매니큐어 배합도 하고 실제로 색도 넣고 제조도 하고. 거기 인원이 별로 없어서 제가 거의 다 하게 됐죠.

작가　조금만 더 자세히 설명해주세요. 매니큐어.

이경원　매니큐어 같은 경우는 일단 기본적으로 베이스라는 게 깔리니까요. 시간이 지나서 생각이 가물가물한데……. 매니큐어를 하나 만드는데 처방이라는 게 나와요. 어떤 게 얼마만큼 들어간다라는 게 처방인데, 어떤 베이스가 있으면 이 베이스도 이 안에 용제가 또 몇 가지 섞여서 들어가는 거죠. 색깔도 굉장히 많아가지구요. 섞이는 색들도 있고 그다음에 뭐 글리터나 펄 들어가는 것들도 있고. 글리터는 일명 사람들이 반짝이라 그러잖아요. 펄은 가루로 된 반짝이라고 얘기하면 되고 글리터는 좀 큰 덩어리로 된 반짝이.

작가　그러면 거기 근무하는…… 여자들이 조금 있었을 거 같은데.

이경원　화장품회사이기 때문에 저도 그런 기대감이 좀 있었어요. 사실 들어갈 때는. 아 여자들이 굉장히 많겠구나……. 근데 처음 제가 들어갔을 때는 정말 가내수공업 수준이었어요. 인원도 얼마 안 되고, 제조나 이런 쪽은 아무래도 힘들기 때문에 남자들이 하구요. 포장 쪽에 여자들이 있었는데. 처음에는 작아서 아줌마들 한 네다섯 분이 계셨고. 제가 있으면서 조금 커지면서 그때는 이제 포장 쪽에도 여성분들, 그때도 일용직 많이 썼던 거 같아요. 그분들 한 스무 분? 한 스무 분에서 서른 분 정도 썼던 거 같아요.

매니큐어 칠한 손톱과 손가락. 매니큐어 만드는 손톱과 손가락. 바다가 낮게 출렁이며 반짝였다.

작가   이제 SJM 얘기로 넘어와 보죠. 2012년 4월 9일에 SJM에 오게 되신 건 가요? 인천에서 안산으로는 어떻게?

이경원   오이도에 친구가 있었어요. 그 친구가 흔쾌히 와 있으라고 해서. 친구 집에 있으면서 이력서 넣은 회사만 100군데 이상은 됐어요.

작가   보통 일이 아니었겠네요. 노동조합이라는 거를 알고는 있었던 거죠?

이경원   노동조합이라는 거를 듣기만 했지 별로 관심은 없었어요. 처음에는 다들 어떻게 들어왔냐, 정규직이냐 계약직이냐를 굉장히 많이 물어 보시더라구요. 근데 저는 다닌 회사들 여러 군데에서도 비정규직, 정 규직들이 섞여 있기 때문에 그다지 큰 불쾌감 이런 부분이 없었는데 여긴 유독 그런 느낌이 많았어요. '계약직이 뭐 잘못된 건가?' 그런 느낌을 줬는데 그 당시에 SJM홀딩스＊라는 회사가 생기면서 그 지주 회사 팀장이 와서 일을 하고 있었나 보더라구요. SJM에서 배운다고. 근데 저도 그쪽 계통의 사람이 아닌가, 하는 의심을 했던 거 같고. 저 를 스파이 아닌 스파이로 본 거 같더라구요.

작가   그럼 비정규직 네 명과 친해졌나요?

이경원   친하기는 한데 이것도 각자 성향들이 있으니까요. 조금 많이 친한 사 람, 덜 친한 사람 뭐 이런 건 있어요.

＊ SJM홀딩스라는 지주회사가 설립되고 SJM이 여기에 자회사로 들어간 것은 2010년이다. 한지원에 따르면 SJM 이 지주회사로 들어간 뒤로 "정상적인 제조업 기업의 이익이 아니라 감시가 덜한 비상장회사, 비제조회사를 통해 막 대한 이익이 지주회사와 회장 일가에게 넘어간 것"으로 보인다. (매일노동뉴스, 「SJM자본의 추악한 탐욕, 현대차 의 음흉한 계획」, 2012년 8월 1일.)

작가 그렇구나. 그러면 언제쯤 받아들여지는 느낌을 받으셨어요?

이경원 아, 형님들한테요? 727 끝나면서. 아니다, 727 겪으면서 그랬던 거 같아요. 파업 초반부터 결합을 했으니까……. 모든 과정을 같이 겪으면서 사실 그때도 저희들 의심을 하셨던 분이 있을 수는 있는데 저희한테 뭐 그런 모습을 보였던 형님들은 안 계셨던 것 같아요.

작가 727 그날은 오전이었어요, 오후였어요? 조가.

이경원 오전조라 퇴근을 했어요. 저는 하루만 일하면 휴가라 동생이랑 제 입사 동기 동생이랑 지인들하고 술 한잔하고 노래방도 가고. 시간이 새벽 3시 반 정도 됐겠구나. 오이도 방파제 길을 걷고 있었어요. 근데 전화가 와서 받았는데 회사 형님이 상황이 안 좋은 거 같다고 들어오라고. '아, 뭐지 이건.' 분위기가 심상치 않은 게 딱 느껴졌어요. 회사에 도착했는데 형님들이 앞에서 차량통제를 하면서 장갑이랑 마스크를 끼고 계시더라구요. 저도 얼른 들어왔는데 장갑하고 마스크를 주더라구요. 제가 4시쯤 들어왔는데요. 아마 한 5시쯤에 용역이 진입을 시도하려고 왔었던 거 같아요. 제 기억으론 5시쯤 됐던 것 같아요.

이경원은 727 당일 직접 두들겨 맞지는 않았지만 건물 2층으로 올라왔을 때 용역들이 던진 벨로우즈에 등허리를 맞았다.

작가 59일간의 직장폐쇄. 싸우는 과정에서 사람들을 훨씬 더 잘 만났을 것 같다는 생각이 들거든요. 어떤 분은 그런 얘기를 하더라고요. 회사한테 고맙다. 우리를 이렇게 만나게 해줘서. 그동안 이렇게 친해질 기회가 없었는데 덕분에 정말 친해졌다. 농담반 진담반으로 이런 얘기를 하시더라고요. 그런 측면이 있었나요, 실제로?

이경원 사실 좀 좋았던 건…… 일단은 파업기간에 일을 하는 건 아니잖아요.

어딘가에 모여서 얘기를 듣고 얘기를 하고. 서로 간에 공감을 하면서 밥도 같이 먹는 거. 제가 정말 좋았던 거는 점심시간에 바로 옆에 운동장이 있어요. 옆에 잔디구장이 있는데. 거기서 축구를 하고. 그런 것들이.

작가 축구를 많이 했어요, 그때?

이경원 거의 매일 했던 것 같아요. 그때는 어떻게 보면 저희가 쫓겨나 있는 입장인데도 여유가 있었던 것 같아요. 불안보다는 생기가 있었달까.

작가 그러면 축구팀은 보통 어떻게 나뉘었어요?

이경원 둘이서 편을 먹든가 해서 나누든가, 젊은 사람, 연세 있으신 형님들 이렇게 나누고 뭐 파트가 다르니까 1공장, 3공장 이렇게 나누기도.

작가 누가 축구를 잘해요?

이경원 저는 처음에 잘 안 했어요. 몇 번 안 찼는데요, 저는. 의외의 형님들 중에 잘하시는 분들이 계시더라고요. 저는 골 이런 거엔 관심이 없어서. 플레이 자체에. 형님이 윤백송 형님이라고 그 형님이 의외로 굉장히 잘하시더라고요. 저랑 같은 1공장 조립반에 계시던. 조장님이세요. 과거에 선수 생활을 하신지는 모르겠는데 꾸준히 운동을 해오신 것 같구요. 반전이라 그래야 하나. 제가 그냥 봤을 때 일하는 형님의 모습이랑 축구를 하는 모습을 보고 깜짝 놀란 거죠. 저분은 저렇게 운동을 잘하실 것 같지가 않았는데. 굉장히 잘하시더라고요. 평소에는 유쾌하시긴 한데 점잖으시죠. 드리블도 잘하시더라고요.

작가 '그때' 하면 특별히 떠오르는 기억들이 있나요?

이경원 사실 처음에 저는 이겨야 한다는 생각보다도 '내가 이렇게까지 여기 있어야 되나?'라는 생각을 했어요. 어차피 계약직이고 다닌 지 3개월밖에 안 되었는데. 내가 지금 여기에서 시간을 허비할 때인가, 빨리 다른 회사를 알아봐야 하는 게 아닌가 하는 생각을 했었고, 저희 비정규직끼리 또 그런 논의도 했어요. 만약 이기면 몰라도 지면 저희는 백프로 잘린다고 보니까. 그런 생각들 때문에 반신반의한 것도 있지만 그 당시에 저랑 같이 있던 동생이 2층에서 뛰어내려 발뒤꿈치가 깨졌어요. 장재호. 그때 당시 입원해 있었어요. 지금 유튜브에 올라가 있는 동영상. 아마 메인이 이 친구일 거예요. 〈야만의 새벽〉.[*] 일단 저희끼리 모여서 그런 얘기들도 했지만, 우리가 이렇게 억울하게 당했는데 그냥 나가기 좀 그렇지 않냐. 또 우리가 억울한 거에 대해서 할 만큼은 하고 나가야 한다, 이런 얘기도 있었고. 기간은 뭐 대략 3개월 정도는 해봐야 되지 않겠냐는 의견도 있었고.

작가 그러면 조합에서 혹시 같이 싸우면 나중에 조합에서 정규직으로 전환시키기 위해 노력하겠다는 얘긴 없었나요?

이경원 정규직 얘기는 쫓겨나기 전에도 이미 원래 우리 회사는 비정규직을 뽑지 않는데 말이 안 된다, 이건 엄연히 협약 위반이다, 라고 하셔서 정규직에 대한 건 이미 강조를 하셨었죠.

작가 그러면 노조가 이길 경우 정규직으로 전환될 수 있겠다는 기대도 있었을 수 있겠네요.

이경원 그런 기대감은 사실 거의 없었던 것 같아요. 그런 기대감 때문에 끝까지 싸우고 그런 건 아닌 것 같아요. 이기고 지는 것에 대해선 별로 신경을 안 쓴 것 같아요.

작가 그러면 뭘 신경 쓰셨어요? 할 만큼 한다?

이경원 그냥 저도…… 약간 억울하다는 느낌. 이렇게까지 당할 이유가 있는가, 라는 생각을 했을 때 억울한 면도 있고 약간 억울하니까 싸울 만

[*] 당시 SJM 용역 폭력사태를 알린 영상이다.

큼은 싸워봐야 하지 않나. 나중에 정 안 되더라도. 그런 생각을 많이 했던 것 같아요. 저희끼리. 그런 건 있는 것 같아요. 부당한데 뭔가 싸우면 안 될 것 같아도 일단 뭔가 할 만큼 하지 않으면 스스로 되게 자존심이 상한다 그래야 하나? 만약에 저 혼자 싸워야 되는 거였으면 아마 안 했을지도 모르겠는데 단체로 싸우는 상황이어서 그래도 할 만큼은 할 수 있을 것 같더라고요.

작가 함께하는 사람들에 대한 믿음이 되게 강했다고 봐야겠네요.

이경원 사실 그렇진 않아요. 불신은 많이 있었어요. 잠깐이지만 제가 믿음은 별로 없었던 것 같아요. 이기기 힘들 것 같다는 생각을 했어요. 근데 점점 저도 생각이 변했어요. 그냥 저에 대한, 제 자존심이 문제였던 것 같고.

작가 어렸을 때부터 자존심이 대단히 중요했던 거죠?

이경원 그런 영향이 있었던 것 같은 게…… 제가 처음 사회에 나가서 이제 활동을, 사회활동이라고 해야 하나요? 그런 생활을 하면서 제일 크게 남들한테 제 스스로 부각을 시켰던 게 자꾸 꿀리지 않으려고 했던 것 같아요. 옷이면 옷. 돈을 쓰는 것도 그렇고. 먹는 것도 그렇고. 남들한테 보이는 부분을 굉장히 신경썼던 것 같아요. 저도 모르게 자격지심을 가졌던 것 같아요. 어렸을 때 성장과정에 대해서.

작가 저도 어렸을 때부터 자존심에 예민했던 것 같아요. 근데 저는 반대로 절대로 치장하지 않는다는 주의. (웃는다.) 남들에게 보이는 부분은 절대 신경 쓰지 않는다. 그랬던 것 같아요. 싸움에서 이겼다는 걸 알게 됐을 때 어땠나요?

이경원 그러니까 이겼을 때 기분이. 정확하게 어떻다고 표현하기가 좀 뭔한 것 같더라고요. 그냥 멍하다고 해야 하나.

작가 실제로 이겼다 했을 때는 멍했다…….

이경원 딱 끝나고 우리가 한꺼번에 해서 공장으로 딱 들어왔을 때. 근데 저는 사실 형님들이랑 좀 다른 게, 들어온 지가 얼마 안 되었기 때문에 오랜 기간의 정이라는 게 많지는 않아서, 정말 형님들처럼 울컥하거나 이 정도까지는 아니었고. 약간의 뿌듯함이라고 할까요. 야, 그래도 내가 내 자신한테 자존심은 세운 것 같다라는 느낌. 그런 건 있었던 것 같아요. 다들 그런 얘기해요. 정규직 돼서 좋겠다. 이런 얘기들을 자주 하시는데. 사실 저는 정규직이나 계약직이나 별 크게 차이를 두고 이렇게 마음으로 차이를 느끼진 않았거든요. 크게 막 좋아하고 이런 건 없었던 것 같아요.

이경원이 직장폐쇄 기간 동안 제일 기억에 남는 것은 선전전이었다. 매일 시내 각지로 흩어져 자신들의 상황을 시민들에게 알리고 서명도 받았다.

이경원 그때 굉장히 뭐랄까 큰 신선함을 느꼈다 해야 하나. 제가 모르는 사람한테 가서 이런 얘기들을 꺼내면서 거절도 당하고 호응도 얻고 하는 부분을 느낄 때 그런 일을 하는 사람들에 대해서 조금 알게 된 거죠. 이게 굉장히 힘들구나. 길거리 가다 보면 알바생들이 피켓을 들고 알린다가 이런 사람들이나 보험설계사들이나. 그런 일을 하는 사람들이 굉장히 어렵겠구나 하는 것을 느꼈고요. 세상은 사실 내 일과 관계없으면 신경을 안 쓰게 되잖아요. 아무래도. 그런 세상의 차가움도 느꼈고. 한편으론 내 일이 아닌데도 신경을 써주는 사람들에 대해 고마움도 느끼고. 사회의 차가움과 정을 같이 느낀 것 같아요. 그 상황에서.

작가 특별히 정말 내 일처럼 받아들여주고 그런 사람들도 있었나요?

이경원 네. 어린 여학생들이 그런 얘기들을 했었던 것 같아요. 자기가 아는 친구의 오빠가 용역 깡패 일을 하는데 그때 한참 매체에서 많이 나왔기 때문에 그 친구도 봤나 보더라구요. 그 오빠에게 그 일 하지 말라고 얘기 막 했다고. 안 좋은 일이라고. 하지 말라고. 그런 얘기 들었는데. 역시 매체가 굉장히 무섭구나. 이런 걸 느꼈어요.

작가 마지막으로요. 책에 꼭 이런 얘기 있었으면 좋겠다, 이런 얘기 하고 싶다 이런 거 있으세요? 내가 쓴다면 이 이야긴 꼭 쓰겠다, 다른 사람들이 꼭 읽었으면 좋겠다 이런 거?

이경원 사실 저도 책을 안 보는 사람 중에 하나지만. 근데 제가 감히 이런 얘기 하면 웃기겠지만 현재 노동운동에 굉장히 혁신이 필요하다고 생각하거든요. 젊은 사람들이 감동하고 공감할 수 있는 조직으로 변화를 해야 할 것 같고. 원래 노동조합은 이익집단이긴 하지만 이익집단을 넘어서서 정의에 앞장설 수 있는 집단이 되면 좋겠어요.

훗날 정리한 원고를 들고 공장으로 찾아갔다. 그는 자신의 이야기를 한 자 한 자 말없이 읽었다. 나도 말없이 그의 앞에 앉아 있었다.

혼자가 아니라는 것

//

이상열이 SJM에 취직한 것은 1987년이었다. SJM에 오기 전에는 부천에 있는 베이클라이트를 만드는 회사에서 일했다. 알루미늄 원자재를 절단하고 용접해서 방열기를 만드는 곳이었다. 나는 학창 시절 교실에 딱딱딱 스팀이 들어오던 소리가 기억났다.

부천 오정동에 있던 회사가 안산으로 이사하면서 그도 따라왔다. 원곡동 셋방에서 아내, 81년생 딸아이와 함께 살았다. 차도 없던 시절이라 지금 동아제약 있는 자리에 있던 구 종점까지 버스를 타고 와서 제법 먼 길을 걸어 출근했다. SJM에는 강원도 평창군 장평 살던 고향 후배가 먼저 다니고 있어서 소개를 받았다.

그 시절 아직 성진기공이었던 SJM은 라인이나 설비를 개발하는 단계에 있었다. 당시 1공장 자리에 있던 플랜트 벨로우즈 공장은 회사가 성장하면서 지금 시화에 있는 3공장으로 옮겨갔다. 1공장 맞은편에 2공장도 새로 생겼다. 하루는 철야, 하루는 열한 시간씩 일하던 시절이었다. 토요일 휴무도 없었고 일요일도 거의 특근을 했지만 회사가 커가는 것이 신났다.

용역에게 곤봉으로 허리를 맞았던 727 당시 그는 정년을 앞두고 있었다. 하나밖에 없는 딸이 용역들 사진을 본 뒤로 아빠는 안 가도 되는 거 아니냐고 걱정했지만 매일 나가서 뜨거운 아스팔트 바닥에 앉아 있곤 했다. 그 무렵 자다가도 열이 뻗치고 가슴이 두근두근하면서 숨이 막혀오곤 했다. 악몽도 계속됐다. 술 한잔 먹고 얘길 나누다 보면 울화가 치밀면서 눈물이 솟았다. 25년을 내 집만큼 오래 머문 회사였다.

　이상열은 심상정 의원이 닫힌 철문을 열라며 용역들에게 호통치고 들어가던 날 얘기를 하다가 눈물이 날 것 같다며 말을 멈췄다. 그 무렵 심상정 의원을 비롯하여 통합진보당과 민주당 의원들 심지어 새누리당 의원들도 직장폐쇄된 회사에 다녀갔다.

　SJM 용역 폭력사태가 매스컴을 통해 전국에 알려진 뒤로 조합원들은 조를 짜서 전국을 순회했다. 부산으로 또 울산으로 가보니 SJM이 어디 붙어 있는 회사인지 모르는 사업장들도 많더라고 했다. 하지만 국회 청문회 참관도 해보니 열이면 열 사람이 회사가 잘못됐다고 지적하는 것에 힘이 났다. 저녁마다 지원 오는 사람들의 발길도 끊이지 않았다. 혼자가 아니라는 것을, 여럿이 함께 싸우고 있다는 것을 느낄 수 있었다.

　이상열은 59일 동안 직장폐쇄가 끝나고 막상 공장으로 돌아오게 되자 이상한 생각이 들었다. 공허하다고 해야 하나…… 뭐라 설명할 수 없는 기분이었다. 한 회사에서 일하면서도 거의 모르고 지냈던 사람들과 매일 식사를 같이했고 함께 집회를 하거나 몰려다녔다. 그동안 몰랐던 저마다의 인간성도 알게 된 시간이었다. 바깥에서 함께하다가 며칠 만에 먼저 회사로 들어간 친구와 말을 하지 않는 사이가 돼버린 시간이기도 했다. 한편으론 이해하면서도 마음이 한번 닫혀버리니까 말을 나눌 수 없게 되고 말았다.

　그는 727 이후 2년간 정년이 연장되면서 2014년 말에야 퇴직했다. 나는 연말 조합원 총회에서 1공장에 모인 SJM 조합원들이 정년퇴직자 다섯 명을 업고 공장을 도는 것을 보았다. 인터뷰하러 회사에 오랜만에 찾아온 그는 여전히 '우리 회사' 걱정을 했다. "일거리가 많아야 일하는 사람들도 신이 날 텐데……. 직원에 그 가족까지, 딸린 식구만 몇천 명인데……." 했다.

밖에서 볼 때는
시침이 굴러가지만
실제로는 기어가
돌아가는 거죠

정찬수(57)는 매우 맑고 깨끗한 눈을 가진 사람이었다. 키가 무척 작았고 반듯하게 살아온 사람으로 보였다. 아마도 백설공주를 구했던 난쟁이가 나이가 들었다면 이런 표정이 아니었을까……. 그는 기장*으로서는 유일하게 59일간의 싸움에 함께했던 사람이었다. 나는 그 이유가 궁금했다. 그는 727 그날 아침 회사에 출근했다가 피를 흘리며 나오는 동료들을 보았고, 같이할 수밖에 없었다고 생각했다. 인터뷰를 하고 나서야 그가 '같이'하기로 마음먹은 그 순간이 사실은 그가 살아온 전 생애를 통해서 내린 결론이었다는 것을 알게 되었다. 이것은 결코 과장이라고 할 수 없을 것 같다.

정찬수는 경상북도 의성군에서 태어나서, 태어나자마자 경주로 가서 초등학교를 다녔다. 양계를 하던 아버지가 사업에 실패해서 강원도로 가게 됐다. 영월에선 광산 쪽 일을 했는데 잘되지 않아서 가세가 점점 기울어갔다. 3남 1녀 중 첫째였다. 위에 누나가 있었고 아들 중에 첫째였다. 온 가족이 사는 단칸방으로 이사 가던 날, 슬픈 기억이 남아 있다.

✱ 사원 - 조장 - 반장 - 직장 - 기장 - 기성(해외파견) 순이다. 기장은 관리직이다.

정찬수   그때가 아버지가 광산 일하실 때였는데 집에를 자주 안 오시는 거예요. 연락수단이 없으니까 눈 빠지게 아버지를 기다리고, 엄마도 기다리고, 그런 날이 정말 많았죠. 꿈에 아버지가 오신 적도 있죠. 가끔씩 꿈에 아버지가 보이면 오시기도 하고. 엄마가 아버지를 기다렸죠. 아버지가 그렇게 나가서 오래 안 들어오시고 수입도 특별히 없으니까 엄마가 사이다나 간식류를 다라이에 담아 머리에 이고 가셔서 예비군 훈련장에 팔러 다니신 거예요. 생계를 꾸려야 되니까. 수입은 아무것도 없고. 기울고 나서 참 어렵게 살았어요. 강에 나가서 자갈 같은 거 끌어가지고 건축자재로 파는 사람들한테 모아주는 일을 하셨어요. 경주에 있는 형산강이라고. 포항으로 흘러가는 강가에서요.

어머니는 강가에 나가 갈쿠리로 자갈을 모았다. 강가에 흩어진 자갈을 모아오는 일이 쉽지는 않아 보였다. 1년쯤 지나서 서울 미아리로 이사를 했다.

정찬수   초등학교 5학년 2학기 때. 서울 미아리 그 옛날에 달동네라고 하는 데 살았죠. 산비탈에. 거기도 방 한 칸짜리 얻어서. 거기서는 엄마가 부업을 하셨어요. 부업을 뭐 봉지 접는 것도 하시고. 옷 같은 거 담아주는 그런 거. 종이로 만든 거. 할 거 없을 때는 온 가족이 붙어서 하기도 하고. 부업을 이거 하셨다 저거 하셨다 했어요. 양말에 수놓는 것도 하고. 옛날에. 그래 가지고 근근이 살고.

작가   그럼 그 뒤로 중학교 진학을?

정찬수   못 했어요. 진학 못 하는 학생들이 한 반에서 10명 안쪽. 그 당시에 한 반에 80명인지 60명인지 많았어요. 그 학교가 6학년까지 6천 명이었어요. 14반까지 있었어요.

중학교에 진학하는 대신 정찬수는 신문팔이를 했다. 을지로 4가, 청계천, 충무로, 퇴계로에 있는 다방 같은 곳에 가서 중앙일보, 경향신문, 동아일보를 팔았다. 수입이 하루에 200원 정도였지만 그마저도 못 버는 날도 있었다. 당시 지하철 1호선 공사를 하고 있던 인부들이 하루에 800원 받을 때였다. 자장면이 30원이었다. 당시 신문 1부에 10원 하다가 20원으로 올라서 50부 정도 팔아야 200원이 나왔다. 아이들이 많아서 경쟁이 치열했다.

그러다가 부천에 있는 소사로 이사를 갔다. 열다섯 살 때였다. 복숭아밭에서 복숭아 농사를 지었다. 300주가 되는 나무를 정성껏 가꿨지만 수익이 나지 않아서 그해 겨울부터 취직을 해야 했다. 부천에 있는 양지산업에 가서 만년필과 손톱깎이를 만들었다. (그는 종이에 만년필 만드는 과정을 그려서 설명해주기도 했다.) 어린 정찬수는 전혀 모르던 일을 새로 배우는 일이 좋았다. 하지만 양지산업이 서울 양평동으로 이사를 가면서 따라갈 수가 없었다. 동생이 일하고 있는 곳으로 갔다. 괘종시계를 만드는 곳이었다.

정찬수는 그곳에서 시계 부품을 만들었다. 그는 오래된 기억을 떠올리며 설명해주었다.

정찬수 기어가 있으면 안에 잡아주는 게 있어요. 축이 들어갈 수 있도록. 시계 안에 보면 세트가 있는데 그 안에 기어도 다 들어가요. 실제 시침이 가게 하는 거는 이 케이스 안에서.

작가 실제 시간이 가게 하는 것은 이 케이스 안에서 일어난다는 거죠?

정찬수 밖에서 볼 때는 시침이 굴러가지만 실제로는 기어가 돌아가는 거죠.

정찬수가 말하듯 시침을 흘러가게 하는 것이 사실은 케이스 안에 있는 기어라면, 정말은 기어를 만드는 노동자가 시침을 움직이게 하는 게 아닐까. 그런데 정작 노동자들은 부품만도 못한 취급을 받곤 하는 현실을 어떻게 이해해야 할지……. 정찬수는 공부가 하고 싶어서 강의록을 사다가 검정고시 공부를 시작했지만, 혼자 공부를 하니까 진척이 되질 않았다. 좀 못된 질문을 하나 던졌다.

작가　집에서 도망칠 수도 있었잖아요. 왜 안 도망갔어요?

그는 잠시 말이 없었다.

정찬수　열여섯 무렵에 아버지하고 다툼이 좀 있었어요. 아버지가 경주에서 새벽 4시까지 술을 드시면서, 말씀은 사업상이라고 하세요. 술을 많이 드시면서 사업이 잘못된 길로 간 거 같아요. 술 마시면 다 될 거 같잖아요. 술을 드시면 무시하는 거죠, 우리를. 엄마를. 평생을 그거 보면서 자랐어요. 마지막에도 술 많이 드시고 오토바이 사고로 돌아가셨어요.

작가　그럼 가출을 안 하신 이유가…….

혹시 엄마 때문일까 하는 생각이 들었다.

정찬수　자신이 없었어요. 혼자 살 자신이. 지나고 보니 잘한 것 같고.

그는 해맑게 웃었다.

작가　죄송합니다. 이런 거 여쭤봐서. 궁금해서요. 그런 시간들을 버틸 수 있는 힘은 뭐였을까.

정찬수　그 당시에는 엄마 생각을 하는 거죠. 엄마한테는 잘해야겠다.

작가　엄마도 그 맘 아셨을 거잖아요.

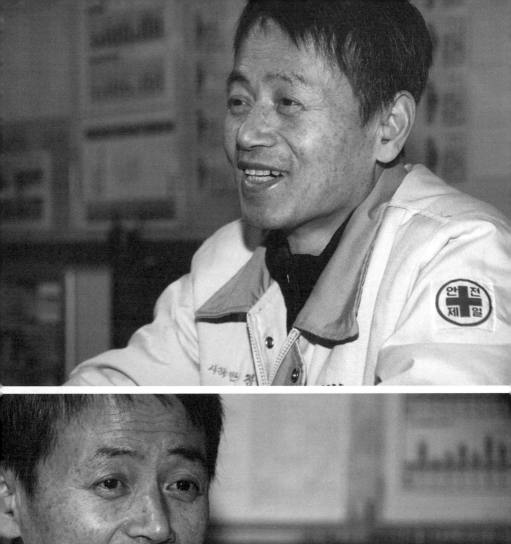

정찬수는 열일곱 살 이후로 부천에 바구니 만드는 회사로 갔다. 플라스틱 바구니를 짜는 곳이었다. 미국으로 수출된다고 했다. 대나무 바구니를 많이 쓰던 시절이었다. 스무 살이 되면서부터는 기술을 배우고 싶어서 금형 쪽으로 가봤다. 서울역 근처 청파동에 가서 녹 닦아내는 일을 하다가 곧 그만두고 부천에 있는 송풍기 만드는 회사로 갔다. 거기서 7년 정도 가공이나 조립 일을 했다. 금속을 다루다 보니 철 분진이 너무 심했다. 보호구도 없이 일하니까 폐 쪽에 무리가 가고, 숨이 답답해지고 건강이 나빠져서 퇴직을 했다. 7년 일하면서 모은 돈과 퇴직금을 합치니 700만 원 정도가 됐다. 친동생이 반월공단에 일한 적이 있어서 동생과 같이 안산으로 온 것이 1986년, SJM에 취직한 것은 1989년이었다. 그사이 정찬수는 서울로 나가서 검정고시 공부를 다시 시작했다.

정찬수는 그 무렵 있었던 마음 아픈 얘기를 해주었지만 이것은 글로 옮길 수 없었다. 아래 이야기를 하는 동안 정찬수의 마음이 몹시 쓸쓸하였다는 것만 적어둔다.

정찬수 자취를 하면서 이제 마음도 좀 쓸쓸했고. 세 들어 살고 있던 집 아주머니를 따라서 교회에 나가면서 설교를 늘 들었어요. 우리 집안이 원래 기독교 집안이에요. 아버지는 안 나갔지만. 저도 하나님이 살아 계시다면 세상이 왜 이런가 해서 교회를 안 나가다가 자취하면서 외롭기도 하고 쓸쓸하기도 하고…… 교회 나가면서 잠언 많이 읽고……. 잠언이 '가르쳐 경계가 되는 말'이라는 뜻이잖아요. 살아가면서. 여러 가지 내용이 있잖아요. 음녀를 조심해라. 보증을 섰으면 그날이 가기 전에 다시 사정 이야기를 하고 보증했던 거를 취소해라 하는 것하며.

작가 그런 문장이 나와요?

정찬수 살아가면서 겪게 되는 세세한 내용이 다 나와요. 친구가 전대 하나만 차고 가서 털자 이런 요구를 할지라도 절대 따라가지 말아라. 또 빚을 지게 되면 나중에 침상도 빼앗기고 길거리로 나앉을 수 있다. 서

158

울 미아리에 살면서 어려우니까 달러이자로 빚을 낸 적이 있어요. 그러면 점점 더 살기가 어렵잖아요. 1년이면 이자로 1년에 5천 원. 고리대금이죠. 살아오면서 느꼈던 게 잠언에 다 있었다는 거죠. 또 하나는 신앙생활하면서 검정고시를 마친 친구를 만났어요. 그 친구하고 같이 지내다 보니까 다시 검정고시를 해야겠다…….

정찬수는 청계천에 있는 수도학원에 등록을 하고 공부를 시작했다. 중학교 검정고시 과정을 마치고 고등학교 과정을 가고 싶었지만 돈이 없었다. 중학교 검정고시 과정 성적이 너무 좋아서 수도학원에서 한 달 치를 무료로 등록시켜주었다. 그는 일단 등록을 하고 전자회사에 취직을 했다. 그는 한 달에 잔업을 스무 번 정도 하고, 토요일은 당연히, 일요일에도 5시 반까지 일하다가 SJM에 오니까 너무 좋았다.

정찬수   그때 오니까 좋았던 게 식목일도 쉬고 어린이날도 쉬고 이런 것들이 참 좋더라고요. 이전 직장은 안 쉬었거든요. 철공소에서 일할 때는, 7년 동안 거기서 일을 했는데 한 달에 적게 쉬면 하루 쉬었어요. 나머지는 특근이었어요. SJM은 너무 좋았죠. 토요일은 그때 반공일이라서 오전 근무를 했던 것 같아요.

1996년 파업 당시 정찬수는 어떻게 행동했는지 물어봤다.

정찬수   96년도에 파업할 때는 내가 반장이었는데 관리자들을 투입해서 일을 했어요. 나도 일을 했었고. 사무직하고 다 들어가서 일을 했는데 많이 돌리진 못하고 두 개 라인 정도만 돌렸어요.
작가   일하면 다른 조합원들이 뭐라고 했어요?
정찬수   뭐라고는 안 하더라고요. 지회장도. 그때만 해도 반장들은 다 일을 했으니까. 그때는 이해하는 분위기가 있었어요. 저마다 입장이라는 게 있다 그래서.

작가 미안한 거는 없었어요? 일하실 때.

정찬수 그때는 어떻게 전개가 될까 생각을 했고 파업하면서 여러 가지를 봤죠. 한정록 씨는 제품 싣고 나가려고 하는 트럭을 누워서 막기도 했고. 또 사무직하고 막 몸싸움하는 것도 봤고. 여러 가지 봤어요. 일을 하면서 그런 과정을 봤고 한 달 지나가니까 일하는 사람들도 의욕들이 떨어지고. 두 달 정도 지나가서 해결이 됐어요.

작가 그럼 727 때 같이하신 건?

정찬수 그날 축구를 보고 늦게 잠들었는데 새벽에 메시지가 와 있더라고요. 얼른 오라고. 무슨 일이 있구나 하고 차를 타고 아침에 왔어요. 후문 쪽에 보니까 키 크고 조폭 같은. (웃으며) 이따만 한 몽둥이 들고 기세 등등하게 지나가는 차를 훑어보고…… 거길 지나가서 차를 좀 멀리 대놓고 보니까 깡패들에게 맞은 동료들이 피를 흘리며 병원으로 이송되고, 그러고 있더라고요. 7시 40분 됐나? 정확한 시간은 모르겠어요. 사람들 나와 있고. 보니까 안에는 컨택터스, 첨에는 전경인 줄 알았어요. 방패 들고 투구 쓰고 전경인 줄 알았어요. 그리고 전날 사무 관리직들은 서약서를 쓰고 있더라고요.

작가 무슨 서약서요?

정찬수 보진 않았지만 아마 파업이 되면 일을 해야 되고…… 그런.

작가 쓰셨어요?

정찬수 안 썼어요.

작가 왜?

정찬수 그게 지회장하고 친분도 좀 있었고 그래서 뭐.

작가 쓰기가 좀 곤란한 마음이셨네요?

정찬수 조합 활동 하진 않았지만 조합에 호의적이었고.

작가 호의적이셨구나.

정찬수 그리고 회사 앞에서 집회도 하고, 그날 그 전쟁이 끝나고 나와서 다시 대열을 정비해서 집회도 하고 하는데 회사에서 전화가 오더라고요. 다른 기장들 들어왔으니까 들어와서 일을 하라고. 나는 그래서 "엄연히 내 직장인데 개구멍으로 들어가서 일하는 거는 싫다." 그랬어요.

작가 그래서 안 들어가시고?

정찬수 그래서 안 들어가기로 결정을 했죠.

작가 큰 용기잖아요. 단순히 친분으로?

정찬수 한편으로는 굉장히 위험한 선택일 수도 있다고 생각을 했는데 들어가 봐야 노예가 될 거라는 생각이 들었어요.

작가 어차피 들어가 봐야.

정찬수 노예가 될 거다…….

작가 실제로 그 당시 기장이 몇 분?

정찬수 1공장만 세 명. 기장 세 명. 직장 한 명. 혼자 남았어요. 나머진 들어가고. 기장 두 분이랑 직장 한 분은 회사 말을 듣고.

작가 되게 어려운 결단이었을 것 같아요.

정찬수 내가 직장 되면서부터 안전관리 업무를 했어요. 하면서 사무실에서 일을 좀 했죠. 그게 98년부터. 근데 거기서 일을 해보니까 사무실 분위기가 참 너무 이게 사람이 할 짓이 아니다 싶었어요. 분위기가 너무 말을 맘대로 못 하는 분위기더라구요. 거기다가 팀장이 기분 나쁘면 욕을 막 하는 그런. 물론 나는 나이가 있으니까 나한테 뭐라고는 안 하는데, 이런 분위기는 아니다 생각했지요.

작가 생산 현장에선 욕하고 그러지 않죠?

정찬수	현장엔 없죠.
작가	727 이후 과정을 계속 같이하신 거죠? 박수를 굉장히 많이 받으셨을 것 같아요.
정찬수	당시에 아무래도 위로는 받았겠지만 내가 봐서는 내가 어차피 들어가 봐야……. 그렇게 칭찬받을 일이었나……. 내가 살아야겠다는 게 아니었나.
작가	같이 살아야겠다는 생각까지는 못 갔던 것 같아요?
정찬수	교회 다니면서 같이 살아야 한다는 생각 많이 했죠. 현장에서는 노예가 되면은…… 노예가 안 된다는 측면에서는 내가 살아야겠다, 생각했던.
작가	직장폐쇄 때 무슨 역할을 하셨어요?
정찬수	간부는 아니었고. 뒤에서 잘 따라주자 이런 거였고. 그담에 흔들리는 사람이 있으면 잡아주자. 흔들리는 사람들. 친분 있는 사람들.
작가	뭐라고 하시면서요?
정찬수	여러 가지. 그 당시만 해도 SJM 사태는 내가 알기에는 이명박 대통령 되고 나서 용산을 깨고 쌍용을 깨면서 SJM까지 오지 않겠나 생각을 했어요. 점점 오더니 충청도에 유성지회 깨지고 나서 SJM도 좀 그런 일이 있지 않을까 예상까진 아니어도 들어올 수 있겠다 생각했죠.
작가	창조컨설팅에서 노동조합들을 깨는 흐름들이 흘러왔죠.
정찬수	내가 들은 것은 쌍용하고 유성까지고 중간은 몰라요.

그의 가족이 궁금해졌다.

작가	결혼은 언제 하셨어요?
정찬수	1991년도에 했어요.

작가   자녀분들은?

정찬수   딸 둘이고요. 첫째가 대학교 4학년, 둘째가 2학년인데 3학년 올라갈 거고. 첫째는 졸업할 거고. 학교는 뭐. 인 서울 정도?

작가   인 서울. 잘 갔네요.

정찬수   성신여대, 동덕여대.

작가   전공은?

정찬수   그냥 들어가는 게 급급해서 학과 선택에서 아내가 신중을 못 기한 것 같아요. 첫째는 일어일문 가고, 둘째는 시각디자인.

작가   다 좋은 과 갔네요. 되게 뿌듯하시겠어요.

정찬수   근데 뭐 취업이 좀 쉽지 않아요. 문과다 보니까.

작가   어느 쪽으로 취업 생각하고 있어요?

정찬수   아직 결정은 못 하고 있는데 나는 뭐 그렇게 당장 취업해라 이런 말은 않고 있어요. 스스로 알아서 하기를 바라고. 근데 아내가 좀 푸시를 하더라고요, 과한 정도는 아니고.

작가   선생님이 딸내미 얘기할 때 너무 해맑게 웃으세요. 딸내미 자랑 좀 해보세요.

정찬수   첫째는 뭐 무난하게 잘 컸고 어릴 때 맞벌이하다 보니까 일찍 학원을 보내면서 떨어뜨려놓고 울기도 많이 울고.

작가   미안한 마음이 있으시겠네요.

정찬수   98년부턴가 그냥 살림만 하게끔 했어요. IMF 때 아내가 그만뒀어요. 둘째는 이제.

작가   자랑을 좀.

정찬수   어릴 때부터 할아버지가 그림 잘 그린다 그런 얘길 했더니 그림을 자꾸 그리더라고요. 공부를 조금 잘 못해. 3등급.

작가   3등급이면 잘하는 거예요.

정찬수   머리가 안 되는 건 아닌데. 내가 우리 애들 학원을 좀 안 보냈거든요.

작가   그럼 지금 어디 사세요?

정찬수   성포동. 안산에.

작가   그러면 통학해요? 딸들이?

정찬수   그렇죠. 하루에 왕복.

작가   직장폐쇄 때 집에서 걱정…….

정찬수   걱정했죠. 걱정하고. 그래도 좀 동의를 했어요. 극구 반대는 안 했어요. 뭐. 그동안에 살아온 것이 제가 가정에 충실했기 때문에 믿었죠.

작가   그럼 아까 말을 하셨던 가족들에게 하셨어요? 노예…….

정찬수   회사가 이겨도 어려울 것이다. 우리가 살아가는 것이.

작가   회사가 이겨도 우리가 살아가는 것이.

정찬수   그 당시에는 이긴다는 예상을 전혀 못 했어요. 한 가지 그 당시에 시기적으로 봐서 대선도 있었고 그래서 아무래도 일방적으로 하지는 못하지 않을까 그런 생각은 했어요. 그런데 이제 나중에 전개되는 걸 보니까 노조에서 준비를 잘했는지 홍보를 잘했더라고요. 그런 일이 처음 있는 거잖아요. 처음으로 여론의 지지를 받고.

작가   대개 노동조합이 지탄받는 여론이 되죠.

정찬수   노조가 무기 들었다 이런.

작가   여긴 그런 거 다 피해간 거죠?

정찬수   네. 처음에 피 흘리고 다치고, 나온 사람들 보고…… 같이 가야겠다.

작가   피 흘리고 나오는 거 보니까.

나는 잠시 그의 맑은 눈을 가만히 바라보았다.

정찬수   그렇죠. 이런 걸 보고 들어가서 일을 하는 건 말이 안 된다. 그런 생각을 했죠.

작가   그때 피 흘리는 거 본 사람은 누구?

정찬수   정준위 씨. 김진년 씨.

작가   그거 봤을 때?

정찬수   어찌 이런 일이 생겼을까 이런 생각.

작가   …….

정찬수   컨택터스가 공포스럽기도 했지만 국회의원들도 오고 하니까 조금 희망이 생기더라고요. 어떻게 전개될지 알 수는 없었지만. 외부 지원도 왔었고.

작가   산에도 가고 놀러도 많이 다니셨던데?

정찬수   그러면서 한편 걱정도 되죠.

작가   어떤 걱정이?

정찬수   어떻게 될까? 언제까지 이렇게 가나. 한 달 넘어가고. 한 달 넘어가면서는 지회장이 면담을 했어요. 나는 이기고 지고를 떠나서 협상을 해야 할 것 같다, 그 얘길 했어요. 협상을 안 하고 회사가 심각한 타격을 입고 일감을 다 뺏기면 그 비판이 우리에게도 올 거 같다. 그런 얘길 했고 얼마 후에 협상 요구를 했고, 반응을 안 하다가…….

작가   그 이전에는 협상 요구를 안 했어요?

정찬수   안 했어요. 초반에는 비난하고. 회사도 메시지로 협박하고. 조합이 불법으로 하는 거다, 이런 협박. 정말 여러 가지가 모든 게 맞아떨어져서 이렇게 좋게 마무리됐다 생각을 했어요. 일반 조합원들도 참 많이 불안할 텐데 단결을 잘했고. 또 흔들리면 서로서로 잡아준 것도 있고 지도부는 잘 이끌었고 홍보 잘했고 외부 지원도 잘했고 정치권 지원도 대선을 앞두고 있었고 국회의원도 국정청문회라든가 그런 것도 있었고 그러면서 한 달 반이 지나면서 희망적이었고.

작가	그러면 돌아서신 분들은…… 96년도 때는 서로 배제하고 그런 게 아니었잖아요.
정찬수	그때는 직장폐쇄도 아니었죠. 못 들어오고 그런 건 아니었어요.
작가	일하시는 분들 보시잖아요.
정찬수	같이 일하던 사람한테 같이 가자, 전화한 적 있는데 반응이 없더라고요. 메시지도 보내고 그랬는데.
작가	뭐라고? 같이 가자?
정찬수	…….

그는 그저 내 눈만 보았다.

| 작가 | ……그러시구나. 지금은 잘 지내세요? 인사는 하세요? |
| 정찬수 | 누구? |

작가   메시지 보낸 분.

정찬수   같이 일하니까 인사는 해야죠.

작가   이분들 인터뷰하자고 해도 안 하시겠죠?

정찬수   당연히 안 하죠.

나는 이 대목을 여기에 적으면서 이런 대화의 기록이 행여나 다툼의 까닭이 되지 않기를 바란다. 이 대화를 하는 내내 그는 몹시 안타깝다는 표정이었다.

작가   한두 개만 더 여쭤볼게요. 세월호 어떻게 겪으셨어요? 세월호 참사
         당일에?

정찬수   회사에서 점심 먹을 때 얘기하더라고요. 오전에는 모르고. 뭐 다 살았
         다고 하는데 아마 다 죽었을 거다, 얘길 하길래 뭔 소린가 했죠. 휴게
         실에 텔레비전 보니까 나오더라고요.

작가   기분이 어떠셨어요?

정찬수   정말 구조하러 들어갈 생각을 안 하더라고요. 다 죽었겠다. 처음부터
         보질 못해서 상당히 기울어진 상태에서 봐서. 내 일이 될 수도 있고
         자녀의 일이 될 수도 있고. 우리가 그쪽에 살았거든요. 단원중·고등
         학교 생길 때 이사를 왔죠. 이사를 안 왔으면…….

작가   애들은 컸으니까.

정찬수   단원중·고등학교 생길 때 성포동으로 이사를 왔으니까.

작가   선생님, 마지막으로요. 책에 꼭 이런 얘기, 내가 작가라면 이런 얘긴
         꼭 쓴다, 그런 거 있으세요?

정찬수   한참 또 지나가지고…… 요즘 세상이 갑질에 대해서 얘길 많이 하잖
         아요. 사람들이 댓글을 통해서 분노를 하고…… 무엇보다도 SJM으로
         인해서 폭력으로 노조를 파괴하는 도미노 현상이 멈췄다는 거에 대

168

해서 감사하고…… 자부심도 있고. (웃었다.) SJM이 무너졌으면 멈추지 않았을 거고.

작가   일종의 방파제네요. 벨로우즈.

정찬수   두원도 직장폐쇄 직전까지 가고. SJM으로 해서 두원정공이 노조파괴가 중단된 거죠. (사이) 사적인 얘길 너무 많이 하네.

작가   아뇨. 아뇨. 제가 말씀드린 것처럼 이건 정리해서…….

사적인 얘기를 더 많이 싣고 싶었다. 폭력이 파괴하는 것은 단지 노동조합이나 노동자가 아니라 노동자 한 사람 한 사람의 몸이고, 마음이고, 가족이며 인간관계라는 것을 확인하고 싶었다.

그해 여름은 빠르게 흘러가고

1997년 가을, 나는 건강이 나빠져 강원도 홍천에 내려가 있었다. 그 무렵 큰형이 홍천강 상수도처리장 공사현장에서 미장을 했다. 나는 형네 팀이 머무는 여관방에서 잠을 자고 낮에는 야산을 오르거나 책을 읽다가 '함바집'에서 밥을 먹었다. 홍천강에는 눈치가 많아서 형네 사람들과 눈치를 잡으러 가기도 했다. IMF 사태가 급류처럼 사람들을 휩쓸어가기 직전이었다.

김만응은 강원도 홍천 홍천강 상류 쪽 두촌면에서 태어났다. 그는 부모님과 찰옥수수 농사를 지었고 밤이면 홍천강 여울에 줄낚시를 풀어서 눈치며 메기를 잡곤 했다. 50미터가량 늘어진 줄낚시에 지렁이를 걸어두면 바늘 백 개에 물고기가 거의 백 마리는 걸려서 올라왔다. 지렁이를 먹으려던 메기, 빠가사리 같은 물고기들이 철 가시에 입술이 걸린 채로 죽어서 올라왔다. 밤새 빠른 물살에 시달렸으면서도 살아서 퍼덕거리는 물고기들도 있었다.

김만응이 안산으로 온 것은 스물여섯 살이던 1988년이었다. 누나가 먼저 안산으로 시집을 와 있었다. 그 무렵 공단본부(이마트 자리)에 있던 볼트회사에 입사했다. 절단한 쇠의 한쪽 끝을 새빨갛게 달궈 옆 사람에게 주면 그 사람이 프레스로 찍어서 볼트 머리를 만들었다. 기차의 레일과 레일을 연장하는 바닥 연결판도 만들었다. 용접을 하고 그라인더로 다듬고 페인트칠까지 해서 납품했다. 노동조합도 없는 회사였다. 쉴 새 없이 뜨거운 열이 쏟아져 나와 얼굴이 발개지고 어떨 때는 껍질까지 벗겨지는데 작업장 안엔 대형 선풍기 하나가 고작이었다.

결혼하기 전에 안정된 직장을 구하자는 생각으로 사직서를 냈다. 친구 하나가 SJM에서 일하고 있었는데 이력서를 내보라고 했다. SJM에 입사한 뒤로는 홀어머니까지 안산으로 모셔왔다. 1991년에 결혼해 아들 셋을 낳았다. 아래로 남동생 둘도 불러들여 삼형제가 모두 SJM에 다녔다.

96년 파업 때는 회사한테 분윳값 받은 게 미안해서 노조 쪽에 서지 못했지만, 727에는 동생들과 노조 쪽에 섰다. 잘리면 하다못해 택배차라도 몰겠다는 생각까지 하면서도 직장폐쇄 동안 짜증과 스트레스를 참았다. 어떻게 해서든지 이겨서 들어가야겠다는 생각뿐이었다.

하루는 가깝게 지내던 동료 하나가 외진 곳으로 김만웅을 부르더니 회사로 그만 들어가겠다고 했다. 그 나름대로 생각을 많이 한 것 같았다. 대학 다니는 아들내미 등록금이며 돈에 쪼들리는 눈치였다. 김만웅은 두 동생을 바깥에 두고 혼자 들어갈 수는 없다고 했다. 살면 같이 살고 죽으면 같이 죽기로 한 삼형제였다. 동료는 며칠 후 회사로 복귀했고 그로부터 또 며칠 후 협상이 타결되었다. 참으로 안타까운 순간이었다. 비도 많이 내리고 태풍도 참 잦았던 그해, 여름은 빠르게 흘러가고 어느덧 추석이 다가오고 있었다.

김만웅에게는 회사 밖에서 족구를 함께하던 친한 동생이 하나 있었다. 막냇동생뻘 되는 친구였는데, 아내와 이혼하고 아들 하나를 키우며 살고 있었다. 수학여행을 갔던 아이는 다른 아이들보다 조금 늦게 아버지에게 올라왔다. 사람들과 장례식장에 가서 아이 사진을 보니 눈물이 났다. 내신을 더 잘 받겠다고 단원고 대신 공고를 간 막내가 '내가 저기 있을 수도 있었다.'고 말했다.

그는 나중에 족구 시합을 하러 한 번 나왔는데 공 차는 게 예전 같지 않았다.

완전히 다른 사람이 된 것 같은 느낌이 들었어요

이승호 이야기

인터뷰
일곱,

이승호(45)는 공무 생기 부서 사람으로는 유일한 인터뷰이다. 공무 생기 부서는 기계를 제작하거나 고장 났을 때 수리하는 인원들인데, 아무래도 회사 측과 접촉이 많고 인간관계가 쌓인 탓에 727 기간에 업무에 복귀한 노동자들이 많았다. 노동조합 측과 회사 측으로 거의 절반씩 나뉘어 대립한 만큼 인간적인 상처가 여전히 많이 남아 있었다. 게다가 이승호는 어린 시절부터 '적(敵)'이란 것을 두고 살아본 적이 없는 사람이어서 그가 겪은 상처는 특별한 것이었다. 폭력은 대상이 되는 사람이 누구인가를 고려하지 않는다. SJM에는 이승호가 두 명 있었고, 작은 이승호라고 불리는 그는 마흔다섯, 1971년생이었다.

이승호는 전라도 나주시에서 태어났다. 나주시에서 더 깊이 들어가는 '지랭이'라는 시골에 살았다고 한다.

이승호 평전이라고 그러죠. 평전. 평평한 전답? 근데 산이 더 많았던 거 같아요. 이름이 왜 그렇게 지어졌는지는 모르죠. 한자로 어떻게 되는지도 모르겠고. 저희는 거기서 또 나뉘어서 지랭이라고 그래요. (민망한 듯 웃으며) 지랭이. 그게 끝이에요. 지랭이 그러면 다른 사람들이 다 알아먹어요. 아~ 지렁이~. 전라도 나주시 문평면 학교리 평전부락 지 랭이 이렇게 되네요. 다른 부락 애들이 지렁이 지렁이 이러고 놀리고 막 그랬죠.

작가   그럼 거기에 초등학교가 있었나요?

이승호   걸어서 40분 거리에 있었어요. 저희 집은 정말 시골입니다.

작가   혹시 버스는 들어왔어요?

이승호   버스가 오긴 했는데 좀 늦게 왔죠. 하루에 몇 번. 그런 거 있잖아요. 그리고 눈이나 비가 많이 오면 운행을 하지 않아요. 전기가 제가 일 곱 살 때 들어왔어요.

작가   저도 버스가 안 들어오는 동네에 살았어요. 버스가 들어오는 마을까 지 가려면 고개를 넘어가야 했어요.

이승호   저희도 그랬어요. 버스 타려면 15분은 족히 걸어야 해요.

작가   차부에 가서?

이승호   예. 저는 학교를 걸어서 다녔어요. 학교를 걸어서 가려면 두 시간 산 을 넘어야 돼요. 중학교는 그렇게 다녔는데, 초등학교는 40분 거리니 까 항상 걸어 다녔고요. 그리고 다리가 있었어요. 가다 보면. 비가 오 면 그날은 쉬는 날입니다. 학교 안 갑니다. 물이 넘쳐서 못 갑니다. 학 교를.

작가   (웃으며) 비가 오면 좋은데요?

이승호   다리가 그다음에 3~4학년 때인가 아마 높고 넓게 지어졌던 거 같아 요. 기억에. 그때부터는 아예 그런 거도 없네 하고 다녔던 거 같기도 하고. 일단 저희는 비가 오면 다리 앞까지 가요. 그러면 선생님이 나 와요. 다리 앞에 나와서 "그냥 집에 가! 내일 보자!" 이래요. 다리 건 너편에서. 영화 같은 얘기죠. 하하.

작가   그럼 이때 몇 명 정도가?

이승호	저희 졸업생이 60명이거든요. 지금은 아예 폐교됐죠. 저희 졸업하고 몇 년 있다 바로 폐교됐는데요. 분교로 가다가 폐교된 거죠.
작가	제가 다니던 학교도 폐교됐어요. 저는 전교생이 50명 정도인 학교를 다녔거든요.
이승호	비슷하시네.
작가	아니죠. 한 학년이 60명인 거랑. 저는 전교생이 50명인데.
이승호	아, 확실히 차이가 나네요. 졸업한 친구들이 거의 다 연락이 되고 만나고 있습니다. 지금도 정기적으로 만나고. 시골에서 살다 보니까 뭐 다른 사람들 만날 기회가 없잖아요. 친구들끼리 모여서 놀고. 다 아니까 그만큼 편하니까 시집가서 결혼한 친구들도 저녁에 토요일에 모이자 그러면 다 모이고 그래서 좋은 거 같아요. 시골에 살았다는 게 제가 보기에는.
작가	비 오는 날 얘기 좀 더 해주세요. 소설이나 영화의 한 장면 같아요.
이승호	너무 오래된 기억이라…… 항상 그래도 선생님이 밝게 웃으셨던 거 밖에, 딱히.
작가	여자 선생님이셨어요?
이승호	아뇨. 남자 선생님. 선생님 여섯 분이 다 오시는 거예요. 1학년부터 6학년이니까 한 열 분 정도 되시는데 밑에도 마을이 있으니까. 학교가 중간쯤에 있으니까. 이쪽 마을에서 40분. 저쪽 마을에서 40분 이럴 거 아니에요. 위쪽에도 문제가 있어요. 거기도 다리가 있거든요. 그러니까 거기도 내려가시고 여기도 내려오시고.
작가	부모님은 거기 사세요?
이승호	지금도 사시죠. 그리고 그때 비가 오면 집엘 가야 되잖아요? 선생님이 집에 가라고 했으니까. 근데 집에 안 가고 놀았어요. 저희는. 집에 가라고 그랬잖아요. 집에 가서 놀아라. 내일 보자. 이렇게 보냈었는

데 친구들끼리 같이. 사는 곳이 떨어져 있어도 옆집 가려면 한 10분 걸리고 같은 마을 가려면 15분 걸리고 그러거든요. 가다 보면 이렇게 만나요. 물줄기 만나듯이 이렇게 쫙 만나요.

물줄기가 흘러가다가 다른 물줄기를 만나듯 집으로 돌아가던 아이들도 서로 만난다. 만나서 물줄기처럼 흘러간다. 물줄기 두 개가 나란히 흘러간다.

이승호 그러면 한 대여섯 명 될 거 아니에요? 여자애들도 있고 남자애들도 있고 일고여덟 명 된 거 같은데. 그렇게 만나면 집엘 안 가고 이렇게 보면 논에 짚단을 이렇게 쌓아놨잖아요? 짚단을 쌓아놓은 걸 백 개를 빼요. 그럼 두 평 반 들어갈 공간이 나오잖아요. 그러면 거기서 이야기하고 놀다가 갔던 기억이 나요. 집에선 알잖아요? 분명히 학교 안 갔는데 늦게 들어오니까 되게 혼난 적 있어요.

작가 황순원 소설 「소나기」에 나오는 장면이네요. 거기 보면 소년과 소녀가 비 맞고 돌아오다가 논두렁에 있는 짚단 속에 둘이 들어가 앉아 있는 장면 있거든요.

이승호 아 그게 짚단이었나요? 들어가 있는 장면이?

작가 네. 짚단, 짚단 속에 들어가 있는데 소녀가 안쪽에 있고 소년이 바깥쪽에 있으니까 비를 맞아요. 그러니까 소녀가 안으로 들어오라 그러니까 괜찮다고. 그러다가 소년이 결국 들어가다가 자기가 소녀한테 선물했던 꽃묶음이 망가지는 장면이 있는데 소녀가 괜찮다고 하면서 남은 꽃을 추리는 장면이 있거든요.

이승호 저희는 짚단을 엄청나게 크게 쌓아놨거든요. 백 개를 빼면 공간이 되게 넓었어요.

아이들은 짚단을 백 개 빼고 만든 공간 속에 들어가서 도란도란 이야기를 나눈다.

짚단 두드리는 빗소리가 들린다.

작가　그러면 중학교는?

이승호　중학교는 산을 넘어서 가야 됩니다. 두 시간 정도를. 애들 걸음으로 두 시간인데 중학교 3학년 정도 되면 발이 빨라지니까 한 시간 정도 걸리더라구요. 누나 형들 같은 경우 다들 그리로 다녔고. 저는 부모님이 자취를 시키셨어요. 중학교 때부터. 중학교 때부터 혼자 밥을 해 먹고 주말에만 집에 가서 그렇게 지냈어요. 누나 형들은 내가 졸업할 때 고등학교를 올라갔으니까 서울에서 다니시고 저는 혼자 밥해 먹고 그렇게 다녔어요.

작가　중학교가 나주에 있었어요?

이승호　나주긴 나준데 시내까지는 안 나가죠. 중학교니까.

작가　저도 중학교 1학년 때 자취했는데. 제천 시내 나와서.

이승호　공통점이 많으시네요.

작가　특별한 기억이 있으세요? 중학교 때.

이승호　자취할 때 한 번은…… 그때는 연탄을 때는 집이 아니었고, 아궁이에 불을 때는 데였어요. 나무 때는 데를 얻어주셨어요. 일부러. 가스 막 사고 많았잖아요. 그때.

작가　그때 당시 연탄가스에 많이 죽었죠. 형들한테 많이 들었어요.

이승호　그래서 일부러 나무 때는 데를 얻어주신 걸로 알고 있어요. 구들장이잖아요. 형님이 서울에 계시다가 한 번 내려오셨어요. 학교 다니는 형님이시죠. 차가 끊어져서 집에서 자고 가야 되는데 그때 뭘 했나 제가 잠깐 자리를 비웠어요. 불을 때신 거예요. 너무 많이 때면 구들장이 탈 거 아니에요? 그래서 불이 난 적이 있어요. 그래서 제가 어릴 적 사진이 없어요.

작가 집을 다 태웠어요?

이승호 집까지는 아니고 방이 사랑채처럼 따로 돼 있는 곳이라서. 장작을 안 때봤으니까. 그냥 막 넣은 거야. 어릴 적 사진이 하나도 없어요. 저는. 흑백사진이라도 있어야 할 텐데.

작가 저도 어릴 적 사진이 한 장도 없어요. 어릴 적 사진 찾는 방법 알려드릴까요?

이승호 어떻게요?

작가 친구들 졸업사진 뒤지면 있어요.

이승호 아 나올 수 있겠죠. 저도 몇 장은 봤는데.

작가 독사진은 없어도. 졸업앨범을 보면 얼굴이 나와요.

이승호 저흰 인원이 적어서 졸업장과 사진을 따로 줬어요. 시골은 시골이죠.

작가 아마 단체 사진 속에, 저도 어딘가 누가 보관하고 있지 않을까.

이승호 저흰 사진 인터넷에 떴더라구요. 아, 저 촌스런 놈이 나왔나.

작가 그러면 고등학교는?

이승호 공고 나왔죠. 나주 시내에 있는 나주공고. 이름이 몇 번 바뀌긴 했는데. 기계과.

작가 공고 진학은 자연스러운 거였나요?

이승호 그때 형편이 좀 그렇잖아요. 형님이 좀 좋은 데를 가서 너는 공고 가라 그래서 갔죠. 원래는 인문계에 진학하려고 했죠. 공부도 꽤 잘한 편이었고.

작가 그때 공고 가려면 공부 잘해야 했지 않나요?

이승호 그때는 공고가 셌어요. 공고가 일반 인문계보다 셌어요. 공고도 조금 고심을 했죠. 광주로 갈까. 원래 광주로 갔어야 했는데.

작가 광주랑 나주 차이점이 뭐예요?

이승호 장학금이 나오잖아요. 장학금 받고 간 거예요. 아무래도 광주로 가면 생활비도 그렇구요. 일단 수준이 조금 더 높잖아요. 나주보다는. 장학금 탈락할 우려도 있고 해서 갔어요. 장학금 3년 내내 받고 다녔구요.

작가 아, 그러시구나. 아까 형들이라고 하셨는데 형이 하나가 아닌 거 같던데요?

이승호 많죠. 저희 7남 1녀예요. 그중에 막내고요.

작가 다 살아 계세요?

이승호 그럼요. 부모님도.

작가 선생님한테서 풍기는 안정적인 기운의 비밀을 좀 알 거 같아요. 굉장히 안정돼 보이세요. 뭔가.

이승호 그래요? 아니에요. 안정되는 데 한참 걸렸어요.

작가 그래요?

이승호 727 이후 아무래도 시간이 지나서겠죠. 그랬던 거 같아요.

작가 공고 기계과는 어땠어요?

이승호 제가 원래 2학년 중반 가야 따는 자격증을 1학년 1학기 때인가 따버렸어요. 용접을 먼저 땄던가? 이론시험 합격한 게 열여섯 개인가 됐고, 지금 갖고 있는 자격증이 다섯 개.

작가 지금 부서는 어디예요?

이승호 PM 생산기술. 기계설비, 보전.

작가 공무 생기 쪽에 계신 거죠?

이승호 그렇죠. 생기요.

작가 공무 생기 쪽 분 만난 것은 처음이에요. 공무 생기 쪽은 몇 분 정도 계세요?

이승호 현장 공무 쪽은 열 명 정도로 알고 있고요. 생기 쪽은 몇 명이지? 사무실까지 항상 치고 있어서. 열네 명. 사무실 인원도 몇 명 있거든요.

작가 사무실 현장 다 포함해서요? 많지 않네요, 그쪽은?

이승호 설비 보수는 기계가 고장 났을 때만 필요한 인원이기 때문에.

작가 얘기 나온 김에 간단하게 공무 생기 업무를 설명 좀 해주세요.

이승호 공무는 일반 기계에 필요한 설비들을 제작하는 곳이라 보시면 되고요. 부수적인 일들도 있는데, 해외 공장 설비들까지 다 제작해요.

이승호는 내게 공무 생기 부서에서 기계 설비를 제작하고 보수하는 과정을 아주 자세하게 설명해주었다. 중고등학교 기술 수업 시간의 학생으로 돌아가서 열심히 집중해서 들었다. 조립 설비 과정만 아주 간략하게 설명하면 다음과 같다.

조관기는 넓은 스테인리스 판을 구부려서 알루미늄 캔처럼 용접을 해서 나오게 하는 기계다. 이렇게 나온 긴 관을 적당한 길이로 절단하는 것이 조관 절단기다. 절단된 관을 양쪽에서 압축성형한 다음 겉에 망을 씌우고 안에 인터로크를 넣는다. (인터로크는 자동차 엔진과 배기통 사이에서 배관 결속을 위해서 용접을 해야 하기 때문에 삽입하는 것이다.) 양단 커팅기를 이용하여 벨로우즈 양쪽에 돌출된 부분을 잘라낸다. 혹시 세는 부분은 없는지 누설검사를 한다.

그 밖에도 이승호는 공장 돌아가는 데 필요한 전기 파트를 보수하는 업무도 하고 있었다. 선이 끊어진다거나 오류가 난다거나.

727 당시에 공무 생기 쪽에서 기업노조로 많이 돌아선 이유를 물어봤다.

작가 이유가 뭐라고 생각하세요?

이승호 아무래도 사무실과 연관관계가 많죠. 관리하고 연관이 있는 사람들이 공무 생기에는 있거든요. 뭐라고 설명을 해야 되지 그거를…….

작가 업무 특성상 만나는 구조가 있나요?

이승호 자주 접해야죠. 모든 걸 협의를 해서 진행이 되는. 생산은 그냥 오더만 받고 하시면 되니까.

작가 모든 걸 협의를 해야 한다…… 사람을 만나고 대화를 나눈다는 거죠?

이승호 협의하고 뭐 이렇게 하다 보면 다 위쪽하고 결제가 이뤄지기 때문에 아무래도 인간관계가 더 있겠죠? 현장보다는 더 많을 거라 보이고요.

작가 그렇구나. 저는 인터뷰를 진행하면서 이런 느낌을 받았어요. 727 이후 가장 파괴된 것은 인간관계 그 자체가 아닌가. 실제 다른 노조의 사업장들이 파업 이후에 겪는 어려움들도 인간관계의 파괴라고 해요. 인간관계가 파괴된 채로 같은 공장에서 함께 살아가야 하는. 역으로 얘기하면 싫든 좋든 만날 수밖에 없는 구조가 생기면 어떨까. 물론 쉬운 일은 아니겠지만요. 실제로 복귀 이후에 어땠나요?

이승호 그건 좀 얘기하기 어려워요. 그쪽은 제가 좀 민감한 상황이라서. 얘기하는 게 필요하긴 하지요.

작가 연극 〈노란봉투〉에도 파업 중에 노조를 이탈한 사람이 있고 노조 간부였는데 심지어 구사대가 돼요. 그 사람이 결국 나중에 자살하거든요. 그런데 그 사람이랑 제일 친했던 후배가 장례식도 안 가는 거예요. 그 사람의 심리를 묘사했어요.

이승호 무슨 얘긴지 알겠어요. 그 심리를 겪어서.

작가 제가 인터뷰를 진행하다 보니 다시 인간적인 관계들을 맺고 싶다는 마음 같은 게 조금씩 느껴져요. 그게 이를테면 기업노조에 계셨던 분들이 나중에 통합되면서 공개적으로 사과했지만, 이것만은 아닐 것 같고. 그렇다고 사적인 것으로만 맺는 것도 아닌 것 같고.

이승호 많이 어렵더라구요.

작가 얘기해주실 수 있는 범위 내에서 조금만 얘기해주시면 좋을 것 같아요. 지금도 사무실하고 관계를 맺으면서 일을 해야 하실 텐데 727 이후로 회식 자리도 하고 형 동생 하는 관계를 유지하고 있나요?

이승호 그렇죠. 그렇게 유지해왔고요. 727 전에도 그렇게 지내왔었고.

작가 공무 생기 부서 노동자들은 727 투쟁에서 거의 절반은 기업노조로 가고 절반은 금속노조로 가고 이랬잖아요. 기준은 뭐였던 것 같아요? 인간관계인가요?

이승호 기업노조 기준도 모르겠고 금속노조 기준도 모르겠는데요. 제 입장은, 이건 아니다 싶어서 남아 있었던 거지요. 제 기준에서는 이건 잘못된 일이기 때문에 그랬던 거라고 판단할 뿐이죠. 폭력사태는 아니었던 거 같아요.

작가 가치관이 단호했던 거네요?

이승호 그렇게 보셔도 무방할 거 같은데요. 잘못된 건 뭔가 바꾸든가, 시위를 하든가 그래야 되지 않을까 그런 거죠.

작가 그러면 기업노조로 돌아서신 분들은 이유가 뭔가요?

이승호 글쎄요. 그 이유들은 친하게 지내서 대충 얘는 이래서 이랬겠다, 얘는 이래서 이랬겠다 그 전 상황을 봐서 판단을 할 뿐인데요, 꼬투리 잡혀 있던 사람들도 있었을 것이고.

작가 꼬투리도 있겠구나.

이승호 그런 것도 있다는 걸 들은 것 같고요. 제가 좀 많이 친해요. 이번에 기업노조로 이탈하신 분들 제가 다 친하게 지냈던 분들이에요. 제가 일을 한 20년 다녔지만 전 사원이랑 친하게 지낼 수는 없잖아요. 근데 공무 생기 분들만 아니고. 제가 3공장에 있다 왔잖아요, 거기서도 그 중에 친하게 지냈던 분들이 대다수라서 이상하게 그렇게 기업노조로 가게 됐더라고요. 내가 친했던 사람들 중에 90퍼센트는 기업노조로 가셨다고 보면 돼요. 그렇게 친하게 지냈고 형 동생 하면서 지냈던 분들이라서 많이 생각을 하게 만들었죠.

작가 그게, 다른 사업장을 보면 결국 이길 수 없는 싸움이다 생각하고…….

이승호 그런 분도 계시고요. 노조가 이긴 전례가 드물었기 때문에. 살아가는 데 당장 생활비가 필요하기 때문에 그런 분도 계실 테고. 이것도 저것도 아닌 분도 계시고요.

작가 다른 회사에 근무하시는 분인데, 제가 가르친 학생의 집안분 인터뷰를 한 적 있어요. 그분은 기업노조로 간 게 동료들에게 너무나 미안했지만 집에서 가장으로서 역할을 정말 포기할 수 없었다고 이야기를 하시더라고요. 대신 회사에서 인간관계가 사라졌대요. 그냥 일만 하고 밥만 먹고. 일 끝나고 술 한잔하는 일도 없고.

이승호 그 마음 충분히 이해하죠. 순식간에 일어난 행동들이, 많은 변화들이 있어서 그게 좀 그랬던 거 같아요. 뭔가 자세히 말로 표현할 수는 없고요. 그 전에 생활했던, 행동…… 2개월이잖아요. 2개월 후에 생활 패턴들이 완전히 다른 사람이 된 것 같은 느낌이 들어서. 왜 그렇게 느껴졌는지는 모르겠어요. 겪어보니까 사람들이 달라졌더라고요.

작가 직장폐쇄 기간 2개월을 전후해서 뭔가 사람들 느낌이 달라진 거군요.

이승호 많이 달라졌더라고요. 뭐가 어떻게 됐는지 자기들 나름대로 고심도 있었겠죠. 당연히. 저는 그걸 다 이해하려고 했던 사람들 편에 속했거든요. 아무리 이해를 하려고 해도, 상황이 그래서 그런 것까진 인정을 하겠어, 이해하겠어, 그게 되는데 막상 기업노조로 간 사람들이 바뀐 모습들을 보니까 '이것들이 아주 작정을 했구나.' 하는 생각도 들고.

작가 제가 만나보진 않았지만 '아무 일 없던 것처럼 돌아가기는 어려운 거구나.' 하는 생각이 들어요. 기업노조로 가신 분들 중에 직장폐쇄 기간에 출근하면서 농성하시는 분들께 휘파람 불면서 손 흔들고 그런 분들 계셨다면서요?

이승호 저는 밖에 있을 때 그렇게 하시고 퇴근하신 분들 때문에 상처를 받았 거든요. 우리는 밖에 나와 있는데, 퇴근하면서 이렇게 (손을 흔들고) 하면서 가더라구요. 웃으면서. 아니, 그렇게 표현할 것까지야 없지 않 느냐. 아니 우리는 밖에서 그러고 있는데 나가면서 손 흔들면서 가고 웃으면서 가면. 물론 친했던 사람이면 그럴 수 있지만 그때 상황은 그런 게 아닌데 그러잖아요. 근데 웃으면서 너무 태연하게 하니까 좀 그렇더라고요. 지금도 그건 기억이 남아 있어요. 계속 남아 있을 거 같아요.

나는 여전히 그렇게 손을 흔들고 갔던 사람들의 속도 뒤틀려 있었던 게 아닐까 생각을 하였다. 그렇게까지 해야 그 시간 동안 공장 안에서 일을 하고 집으로 돌아가 잠을 잘 수 있었던 것일까.

작가 선생님, 727 이후에 그분들과 어떤 교류들이 좀 있어서 왜 그렇게 됐 던 건지 소상하게 알고 있으신 건 아닌가요?

이승호 소상하게 많이 알죠. 본인한테 직접 듣진 않았지만. 생활에서 그 사람 특성을 알기 때문에 대충은 알지만 본인만큼은 모르겠죠. 다 공유하 면서 살았기 때문에 지금까지 이해하는 건 이해하고 지금도 이해 안 되는 건 좀 많아요. 그 전에 보여줬던 게 다 가식인가 하는 생각도 들 고. 되게 친했거든요. 다 친하게 지내는 부서라서 그런 것도 있지만, 그중에서도 다 친하고 그렇게 지냈던 사람까지 그랬으니까요.

작가 어떤 분은 야구 캐치볼 계속 같이 하는 게 좋았는데 이젠 같이 못 해 서 아쉽다고 하세요.

이승호 그런 분들도 계셨으니까. 어떤 분들하고는 한두 마디씩 하고 그러긴

하는데 단절된 분들하고는……. 패턴이 많이 바뀌신 분들이 있거든 요.

작가 패턴이 바뀐다는 건 어떤 거예요?

이승호 생각하지 못했던 행동을 하고 계신 분들이 있어요. 당당한 거야 그분 성격이니까 그렇다고 하더라도. 제가 편했던 건지, 제가 농성할 때도 연락도 많이 하고 그랬어요.

작가 회유전화가 왔다는 건가요?

이승호 대부분이 다 왔겠죠. 많이 왔을 것이고 그중에 안부전화하신 분도 있 고 안부를 가장한 그런 것도 있었을 것이고. 어차피 회사는 내가 노 동력을 제공해서 바라는 것을 가져가는 거잖아요 그래서 노동자도 생활을 하는 거고 그런데 지금 그걸 안 하려고 하는 분들이 조금 있 어요. 일을 안 한다는 얘기죠. 한두 분이 그러세요.

작가 그럼 예전에는 일을 열심히 하셨던 분이세요?

이승호 일을 열심히 하셨던 분이라 봐야죠. 저는 다시 들어와서 아무 생각 안 하고 생각할 여력도 없던 거 같고 하고 싶지도 않고요. 그게 트라 우마겠죠. 일만 막 했던 거 같아요. 계속 일만 하는데 일이 안 잡히더 라고요. 내가 일을 하면서도 일이 진행이 안 되고 있다는 생각도 안 나고. 어떻게 하는지도 모르겠고 몸만 움직이는 거예요. 정신은 딴 데 가 있고 그랬어요, 한동안.

작가 지금은 어떠세요?

이승호 지금도 일에 대한 거는 똑같아요. 일은 어차피 해야 되는 거기 때문 에. 근데 조금 그 전보다는 많이 안이해졌다고 생각해요. 저는. 그 전 에는 집중을 해서 했는데 요즘 들어서는 조금 집중을 낮춰서 하는 거 라고……. 그리고 그때 이후로는 그렇게 깊이 있게 생각 안 해요, 모 든 걸. 생활이고 뭐고 간에, 내 개인적인 생활이고 뭐고 간에, 그냥 그렇게 된 거 같아요.

작가　그 전에는 안 그러셨어요?

이승호　그럼요. 항상 이거면 이거고 저거면 저거고. 지금은 뭐 그냥 이 정
도…… 그 전 같으면 집중을 해서 매달려서 그랬는데 지금은 그런 거
없이…… 뭐, 표현하기 좀 그런데요. 그렇게 되니까 재미가 없어요.
실질적으로 일하면서도 많은 재미가 없는 것 같고 조금 그런 거 같아
요. 바뀐 거 같아요.

사이.

작가　안산 어디 사세요?

이승호　바로 근처에요. 초지동. 가깝죠. 제일 가깝죠.

작가　애들은 그러면?

이승호　남자애 여자애 하나씩 있죠.

작가　큰애 몇 살이에요?

이승호　올해 열일곱 살, 여자애.

작가　그럼 세월호가 정말 남다르게 다가왔을 거 같은데요?

이승호　큰애 친구 언니가 거기 연관되어 있더라고요.

작가　친구의 언니가 죽었어요?

이승호　친한 친구의 언니가. 방송에도 많이 나왔던. 죽은 애 동생이 집에 자
주 놀러 오고 저도 얼굴도 보고 저희 조카애가 단원고등학교 다니고.
3학년이고. 이제 졸업했죠.

작가　정말로 철렁했겠네요.

이승호　그렇죠. 또 그 밑 조카애가 올해 그 학교로 갈 거고요. 그리고 제가 거
기서 한 10년을 살다 왔고.

작가 단원고 근처에?

이승호 바로 옆에, 밑에서 10년 결혼해서 살았습니다. 그랬죠. 많이 와 닿죠.

작가 그러면 세월호 참사 났을 때는 일하고 계셨어요? 상시근무[✱]니까 오전에 나와 계셨겠네요.

이승호 그랬죠. 근데 미디어를 접하지 못해서 나중에 알았죠. 세월호 얘기하면 가슴이 아파서……. 남일 같지 않아요. 특히 안산분들은 더 심할거고. 지금도 딸 친구가 집에 놀러 오면 직접 말은 못 하겠더라고요. 근데 걔 하는 것 보면 밝고 그래서.

작가 지금도 집에 놀러 오고 그래요?

이승호 놀러 오죠, 당연히. 친한 친군데. 인사도 잘하고. 남일 같지 않죠, 다.

작가 저는 사실 세월호 참사가 나기 전에는 2004년에 여기 안산문화예술의 전당 개관할 때 개관 공연 보러 온 뒤로 한 번도 안 와봤어요. 그런데 작년에 여기 안산의 고등학교 학생들이 제가 쓴 대본으로 안산문화예술의전당에서 공연을 했어요. 그래서 보러 왔다가 이 학생들이 희생된 학생들과 초등학교 중학교 때 친구들이란 걸 그제야 안 거예요. 그 당연한 일을. 청소년이란 걸 다시 발견하게 된 것 같아요.

이승호 엊그제까지 친구였어요.

작가 큰딸 친구를 바라보는 마음은 어떠세요? 그 얘기도 조금 해주실 수 있나요?

이승호 저는 그냥 표 안 내고 대해주려고 그래요. 세월호 유가족으로 대하기보다는 그게 더 도움이 될 거 같아요, 저 나름대로.

작가 내색하지 않으면서?

✱ 주간연속 2교대는 1공장만이다. 2, 3공장은 상시근무(오전에 출근 저녁에 퇴근)이다. 1공장은 자동화시스템이고 2, 3공장은 수동 작업이다.

이승호 그 전처럼 똑같이. 아이가 그걸 이겨내고 생활하고 있는데 다시 들추면 그럴 것 같아서 당분간은 똑같이 대하려고. "야 너 왔어? 얘랑 뭐 했어?" 이러면서 그렇게 대하고 있거든요, 일부러. 세월호 유가족으로 보지 않고 그게 오히려 낫다고 보거든요. 대부분 부모님이 그렇게 할 거 같은데.

작가 제가 요즘 인터뷰 때문에 여기 반월공단에 매일 오고 있잖아요. 여기 오는 길가에 부모님들이 붙여놓은 노란 플래카드들이 바람에 나부껴요. 〈노란봉투〉에도 세월호 이야기가 같이 가지만 이 책도 어쩔 수 없이 세월호를 조금은 언급할 수밖에 없는 것 같아요.

이승호 다르지 않다고 생각해요. 다 똑같다고 생각하고요.

작가 아이들에게는 어떻게 가르치세요? '니네가 원하는 삶을 살아라.' 이러세요? 아니면 '너네는 뭘 해야 된다.' 그런 게 있으세요?

이승호 큰놈이 알아서 잘 챙기는 편이에요. 자기가 할 거 하고 하는 편이라서. 저는 밀어주는 편이에요.

작가 믿어주고. 밀어주고.

이승호 하고 싶은 걸 해라.

작가 전공은 뭘 한다고들 해요? 애들이?

이승호 지금 고심을 하고 있어요. 그래서 결정하기 전까지는 아무 얘길 안 하려고 해요. 엄마가 조언을 하니까. 엄마 조언 들으면 충분하다고. 그러고 나서 결정이 되면 저는 적극적으로 밀어주는 쪽. 근데 그 애가 조금 성격이 깊어서 많은 생각을 하고, 하고 싶다고 얘기를 하기 때문에. 문과 쪽으로 하려고 하는 거 같더라고요. 제일 중요한 건 자기 본인의 의사라고 생각을 해서.

사이.

작가   727 때 퇴근하셨다 들어오셨어요?

이승호   상시 주간조니까 퇴근하고 새벽 4시에 전화받고 들어왔어요. 제가 왔을 때 사람들이 정문으로 다 이동했더라고요. 저는 후문 쪽에 20~30분 있다가 바로 정문으로 갔죠. 그때 후문 쪽에는 사람이 없었어요. 저희 조합원들만 몇 분 계시고. 정문은 안 가봐서 모르고 뒤쪽에 있다 바로 사무실로 올라가서 자세한 상황은 모르겠어요. 그러고 나서 용역들이 2층으로 우당탕탕 하고 들어왔거든요. 파악하기가 어려웠어요.

작가   왔을 때 용역들이 안 보였어요?

이승호   처음에 왔을 때는 있었어요. 있다가 걔들이 좀 움직이는 걸 보고 제가 들어온 걸로 기억을 해요.

작가   그러면 후문에서 1차 진입 실패를 하고 정문으로 이동하는 사이에 들어오신 거네요?

이승호   처음에는 새카만 놈들이 있는 거처럼 보이더라고요. 저쪽에 주차하고 걸어오다가 보니까 동료 몇 분께서 서 계시더라고요. 뭐지 뭐지? 하고 쭈뼛쭈뼛하시다가, 제가 오니까 오더라고요. 먼저 오셔서 대기하신 분들이더라고요.

작가   들어가긴 무섭기도 하고…….

이승호   혼자 가기에는 제가 봐도 좀 그랬거든요. 그때는 아무 생각 없었어요. 뭔 일인가 했죠. 어리둥절했죠. "아니 뭐지? 뭐지?" 이러면서 들어왔어요. 갑자기 전화받고 온 거라서 이런 상황이 될 거라고 파악도 못했고.

작가   그러면 들어오자마자 용역 투입돼서 유혈사태가 난 거잖아요. 안 다치셨어요?

이승호   저야 나중에 나올 때 그냥 한 대 맞기는 했지만 딱히……. 저는 괜찮은데 동료들 보니까 죽겠더라고요. 하아. 제가 할 수 있는 게 없잖아요. 들어오는 거 뭐 어떻게 할 수도 없고 좀 안타까웠어요. 나중에 지나서 알았지 일부는 안에서 그냥 상황만 지켜보는 수준이었기 때문에 저희도 갑자기 아무것도 모르고 와서 저기 2층 사무실에 꼼짝도 못하고 있었으니까요. 퇴로도 없고 뭐 아무것도 없었으니까. 황당했어요. 동료들 막 다치고 폭력적인 장면 다 목격하고 하니까 아 죽이고 싶더라고요. 내가 저렇게 친했던 동료들이 맞고 있는데 얼굴도 안 보이잖아요. 시커멓게. 막 무자비로 하니까. 이게 정도가 있어야지. 너무 무자비해. 이건 완전 폭력이잖아요. 마구잡이 폭력 도저히 용납하기가 힘들더라고요. 솔직히. 그랬어요.

작가 분노가 엄청 났었구나.

이승호 그랬죠. 지금 생각해도 그러긴 한데 많이 가라앉히고 있는 거거든요, 그 기억은 생각하고 싶지가 않아요. 잊으려고.

작가 잊으려고 하는데 제가 자꾸 얘기를 꺼내서 죄송합니다.

이승호 아니 지금은 괜찮아요. 어느 정도 안정이 돼 있다고 보시면 돼요. 시간이 많이 흘렀잖아요.

작가 요즘 퇴근 후에는 주로 뭐 하고 보내세요?

이승호 요즘엔 별로 할 일이 없네요. 그냥 집에 가서 운동 좀 하구요.

작가 무슨 운동 많이 하세요?

이승호 집에 러닝머신 하나 있는 거 그냥 열심히 하고 그 정도죠.

작가 직장분들하고 퇴근 후에 교류는 잘 안 하세요?

이승호 어제도 저녁 정도는 먹었는데 술을 안 먹으니까요. 술이 많이 줄더라고요. 사실은 727 이후로 끊었어요.

작가 제가 느끼기에 선생님께 727은 외적으로는 크게 변화가 없는 것 같은데 내적으로는 굉장히 큰 거 같아요.

이승호 사실 그 59일 동안에는 그렇게 많은 게 바뀐 것 같지는 않고요. 공장으로 들어와서 많이 돌아보게 됐죠, 내 삶을. 내가 왜 이런 삶을 살았을까 하는. 많이 돌아봤어요. 내 삶이 바른 삶이었나부터 해서, 잘못된 삶을 살았던가. 그건 아닌 것 같은데, 이런 것들. 인생을 전체적으로 좀 더 돌아본 계기가 된 거 같아요. 저는 진짜 최선을 다해서 살아왔다고 생각합니다. 그런데 한 번도 이런 식으로…… 아직도 그게 고민입니다.

작가 선생님 누설검사라는 거 하신다고 하셨잖아요. 기계의 공정에 문제가 생기면 우리가 그때그때 상황에 따라서 조치를 취할 수 있잖아요. 그런데 우리가 잘 안 되는 것은 인간관계라든가, 나의 정신적 상태라든가 아니면…….

이승호 그거는 진짜 어려운 얘기…….

작가 727이 선생님에게는 단순히 기업노조로 가셨던 분들과 대인관계에 문제를 가져온 게 아니라 그동안 살아오면서 맺었던 인간관계 전반에 큰 영향을 미치고 있다는 생각이 들어요. 사람으로 살아가는 일이 당연히 그런 거겠지만요.

이승호 예, 그래서 스스로 좀 안 하려고 해서.

작가 인간관계를?

이승호 남자들은 특히 술 안 마시면 기회가 줄어요.

작가 술을 끊은 건 관계를 안 하려고 끊은 거예요? 그러면?

이승호 이겨내려고 그런 거죠. 자꾸 딴생각을 하게 되고 그러니까 그래서 그런 거지. 더 복잡해지고 더 안 좋아지고.

작가 술 마시면?

이승호 자꾸 되새기게 되고 그래서…… 그런 기회를 끊어버리려고 끊어버린 거죠. 스스로 좀 독하다고 생각해요.

작가   그렇군요. 술을 끊으면서 대인관계들이 아무래도…….

이승호   줄죠. 근데 그렇게 금속노조에 같이 있던 조합원들하고 계속 얘기하고 그러니까, 기업노조로 갔던 분들하고는 자리도 별로 탐탁지 않고…… 그 전처럼 못 될 것 같아요. 앞으로도 아마. 그게 고심거리예요. (자문하듯) 그 전처럼 대할 수 있을까? 아닐 거 같아. 아무리 내가 이해를 하려고 그래도. 대화는 조금씩은 하려고 하는데 쉽진 않더라고요. 그게 가장 요즘 힘든 부분 중 하나예요. 그거 풀기가 쉽지 않죠.

작가   하…….

이승호   …….

작가   인간관계라는 게 한번 끊어지면 돌아가기 어렵죠. 끊어진 상태로 장기화되면 할 얘기도 없어지고 굳이 인간관계를 다시 맺으면서 살아야 할 필요도 못 느끼고, 그렇게 영원히 멀어지는 것 같아요. 저도 그런 경험을 많이 하고 있어요.

이승호   그런 거 같아요. 어느 정도 좀 지나면 다시 되지 않을까. 근데 자신감은 없어요. 그 일 있고 나서 그게 가장 큰 문제라고 생각해요. 어차피 회사에서 계속 부딪힐 건데 안 볼 사람들도 아니고 볼 때마다 언제까지 이래야 되나 싶기도 하고 왜 내가 그래야 되나 싶기도 하고.

작가   마지막 질문 하나 드릴게요. 살아오시면서 727 이전에 인간관계가 이렇게 깨진 경험이 있으세요?

이승호   없어요.

작가   처음이신 거죠?

이승호   제가 그렇게 행동을 하지 않았고…….

작가   제가 그 느낌을 받아서요.

이승호   제가 그랬잖아요. 초등학교 친구들 지금도 연락하고 매일 만나고 아무 때나 만나고 아무 때나 찾아가고 그런 관계들이 계속 유지가 되고 있는. 그러니까 저를 싫어하는 사람들이 별로 없어요. 그렇게 판단이 돼요. 다 좋아하고 막 이렇게. 저도 그렇게 살아왔고 남한테 모질지 않고 뭐 이렇게 지내와서 제가 누군가와 척지고 사는 걸 못 참아요. 왜 척을 져야 되지? 풀어야죠. 안 풀리면 정말 남남 되는 거죠.

작가 이제 못 푸는 거잖아요.

이승호 아직 시간이 아닌가 보죠. 못 푸는 건 아니고.

작가 안 푸는 거? 못 푸는 거?

이승호 서로가 못 푸는 거. 계기가 되면, 어떻게 해야 할지는 모르겠지만 서로가 아직은 못 푸는 거 같아요.

작가 진짜 마지막으로 하나만 더 여쭤볼게요. 이렇게 되는 데 혹시 내가 잘못한 게 있다는 생각이 있어요? 혹시 작더라도?

이승호 생각은 해봤어요. 내가 뭘 잘못했지? 생각이 없어요. 생각이 안 나요. 그렇게 할 게 없었어요.

작가 내가 잘못한 게 있으면 더 괴롭잖아요. 아무것도 잘못한 게 없어도 괴롭지만 내가 빌미를 제공한 게 있으면 훨씬 더 괴로울 수 있으니까요. 비교할 수는 없겠지만 내가 잘못하지 않았기 때문에 겪는 고통과는 또 다르고 내가 잘못했기 때문에, 내가 잘못했지만 이 인간관계는 깨고 싶지 않을 가능성도 있는 거잖아요. 사실은 노조 편에 있고 싶었지만 어떤 이유로 그쪽으로 가신 분들도 있을 거고.

이승호 그렇겠죠.

작가 우리가 알지 못하는 괴로움이 있을 수 있겠다. 남에게 말은 못 하는.

이승호 참 그 727 이후에 많은 생각들을 하게 됐네요. 정말 많은 생각을 했고. 정말 많이 되돌아보게 됐어요. '왜 이랬을까?'부터 해서, '쟤네가 왜 그랬지?' '쟤가 왜 그랬지?' 전부 생각을 하는데 명료하게 정리할 수가 없더라고요. 제가 지금 바뀐 게 그거예요. 전에 같았으면 '아이

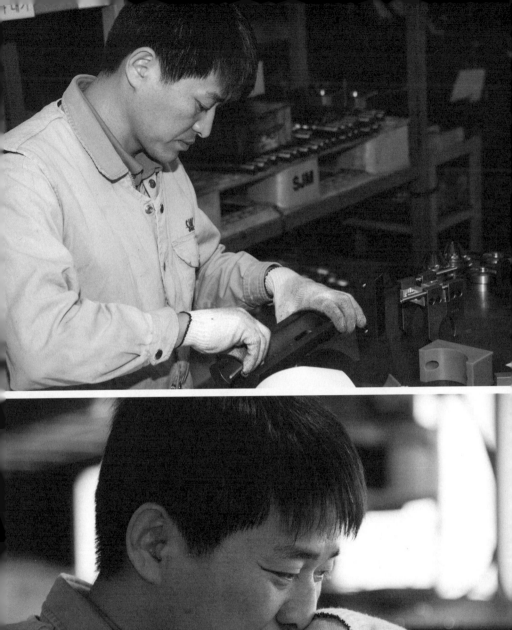

씨 안 봐.' 이랬을 텐데 그게 아니고 제가 정리가 많이 약해졌다고 아까 말씀드렸잖아요. 그런 것들이 좀 바뀐 거 같아요. 지금은 어떤 결정을 못 내리겠어요.

작가 너무 큰 거죠? 사건이?

이승호 727이 큰 건 아니고요. 인생의 사건이 큰 거죠. 저 이 사건은 어떻게 보면 짧은 기간이었잖아요. 다른 데는 몇 년씩 이렇게 파업하는데 그 정도에 비하면, 물론 불미스런 일도 많고 그랬지만 어떻게 보면 짧은 기간이에요. 2개월. 2개월이잖아요. 그 후에 기간들이 더 길었던 거 같아요. 저한테는. 2개월은 밖에서 정신없이 같이 어울려 지냈기 때문에 그렇고, 그 후에 들어와서 인간관계며 뭐 이런 것들을 다시 봐야 했고, 그 전에 생활했던 것들이 확 바뀌었기 때문에 더 어려웠고 더 되새겨보게 되는 그런 거였죠. 그런 거 같아요.

언젠가 수몰된 고향 마을을 찾아간 적이 있다. 물이 빠진 옛길을 따라서 내려가보았다. 동네 사람들이 오이 씻고 빨래하던 도랑물이 함께 걸어주었다. 도랑물은 폐허가 된 물가에 나만 남겨두고 저 혼자 소나무 많던 마을로 놀러갔다. 이승호의 마음도 아마 그런 것이 아닐까 하는 생각이 들었다.

아무렇지 않을 수는 없다

조호준은 1973년생으로 강원도 평창에서 태어났다. 춘천기계공고를 졸업하고 처음 취업을 나간 곳은 인천에 있는 자동차 부품회사였다. '로드기어 시프트'가 생산되어 나오면 치수가 맞는지 안 맞는지 점검하는 일을 했다. SJM으로 온 것은 제대하고 나서 두 달가량 지난 1995년 7월이었다. 매형이 1공장 증축공사를 해주러 왔다가 채용공고가 난 것을 보고 알려준 덕에 '탄탄한' 회사에 이력서를 넣을 수 있었다.

그는 결혼을 한 2001년 이후 지역연대 사업을 참 많이도 다녔다. 그때 당시도 안산지역에 노동조합이 있는 곳은 손에 꼽을 정도였는데 '지역연대 하면 SJM'이라는 꼬리표가 붙을 정도로 안산지역 어디든 가서 연대했다. 그 무렵에도 용역 깡패가 들이닥치고 직장폐쇄가 되는 일은 많았다.

727이 터지자 언론사를 담당하는 일이 그에게 떨어졌다. 한겨레신문이 심층취재 보도를 하는 등 일일이 열거할 수 없을 만큼 많은 언론사가 관심을 두고 붙어주었다. 몰려드는 취재진의 인터뷰 요청에 적절한 사람을 배치하는 일이 가장 힘들었다. 조합의 입장을 대변해서 기자들에게 호소해줄 사람을 찾아야 했다. 한 사람의 말이 기사를 타고 나가서 노동조합의 목소리가 될 것이었다. 인터뷰를 해달라고 전화를 걸면 서로 안 하겠다고 뒤로 뺐다. 사람 없으니까 좀 해달라고 밀고 당기고를 되풀이했다.

다녀간 기자들을 다 기억하지 못해서 기사만 한 줄씩 적어놓기만 한 것이 나중에 보니 A4용지로 열일곱 장이나 되었다. 기억에 남는 기사들이 참 많았다. SBS뉴스 김성준 앵커의 클로징 멘트는 조합원들 가슴을 두고두고 울렸다. "신나는 올림픽 축제 중이지만 드릴 말씀은 드려야겠습니다. 파업 중인 SJM사의 용역업체 폭력사태 한번 생각해봤으면 합니다. 아직도 폭력으로 근로자들을 두드려 패서 돈을 버는 사람들이 있다네요. 철저하게 수사해야 합니다." SBS 최재영 기자는 이 사건을 보도해 한국방송기자연합회와 방송학회가 주는 뉴스 부문 '이달의 방송기자상'을 수상했다. 조호준은 상황실을 지키느라 땡볕에 나가 있는 조합원들에게 미안하게도 에어컨 빵빵하게 나오는 자리에 앉아서 하루를 보냈다.

회사에서 다른 조합원들한테는 복귀하라고 회유전화도 했다는데 그는 전화 한 통 받지 못했다. 야속한 마음도 들었다. 저쪽에서도 받을 사람 내보낼 사람 고른 것은 아닌지, 나는 잘릴 운명으로 선택된 건 아닌지 많은 생각이 들었다. 창조컨설팅이 개입된 사업장은 다 깨졌으니 이길 수 있다고 마음먹긴 힘들었지만 하는 데까지는 해봐야겠다고 생각했다. 외부에서 도우러 오는 사람들의 발길이 끊이지 않았다. 금속노조 경기지부는 사업장별로 돌아가면서 빈자리를 지켜주고 있었다. 덕분에 조합원들은 잠을 조금이라도 편하게 잘 수 있었다. 727이 끝나고 나자 예전 같으면 연대기금을 걷자고 하면 불평불만 많았을 사람들이 이제는 "아, 당연히 내야지. 받았는데."라고 말하는 것이 신기했다.

그는 매일 아침 출근길에 단원고등학교 앞을 지나간다. 교복 입은 아이들을 보는 것이 아무렇지 않을 수는 없다고 했다.

끝까지,
이길 때까지
같이 가기로

// **허쌍호 이야기**

203

살면서 이름에 '쌍' 자가 들어가는 사람을 만난 것은 처음이어서 '쌍호'가 아니라 '상호'라고 생각했다. 허쌍호는 쌍둥이었다. 허쌍호가 동생이고 형님은 허쌍열이었다. 어릴 때 친하게 지낸 쌍둥이들이 문득 떠올랐다. 그들은 언제나 같이 다녔고, 가끔 시간 차를 두고 만나면 알아볼 수 없었다. 허쌍호를 만나는 동안 허쌍열은 어떤 사람일까 생각하게 되었다. 허쌍호는 1961년생. 원래 60년 10월생인데 호적상으로 61년 1월 25일로 늦어져서 55세이다. 자녀는 딸만 둘이다. 큰애는 스물다섯 살인데, 대학 졸업하고 유치원 교사로 일하고 있고, 작은애는 건강관리학과 4학년 재학 중으로 항공사 쪽으로 취업하려고 학원을 다니고 있다고 했다.

작가   작은딸내미 자랑 좀.

허쌍호   키는 그렇게 안 큰데, 얼굴은 좀 예뻐요.

작가   항공사면 스튜어디스 생각하는 건가요?

허쌍호   예. 뭐 그쪽으로 생각하는 거 같더라고.

작가   제가 연극학과를 나와서 주변에 스튜어디스 된 애들이 좀 있어요.

허쌍호   (카카오톡 프로필을 검색하며) 가만있어봐. 지금 있나 모르겠네. 아, 바뀐 것 같은데. (아내의 프로필 화면을 찾아 보여주며) 아 요게 지금 우리

딸내민데 자연 그대로. 성형 안 하고 그대로. (내색하지 않으려고 노력하며) 거의 뭐 내가 볼 땐 탤런트급 되는 것 같은데, 보니까.

작가 (웃으며) 탤런트급인데요, 이 정도면. 장난 아닌데요?

허쌍호 자랑은 아니고. 어릴 때부터 얘가 얼굴이 좀 예쁘더라고요. 어떻게 보면 부모를 안 닮고 약간 요렇게 외가, 외할머니 닮았다 그러더라고.

작가 연예인인데, 연예인.

허쌍호 고등학교 다닐 때도 어디 뭐 갔다 왔다 하더라고. 어디 뭐 뽑혀가지고. 헤어모델인가 뭐 그런 걸 한 번 했다 그러더라고. 반에서 뽑혀가지고.

작가 (웃으며) 되게 자랑스러우실 것 같은데요.

허쌍호 (민망한 듯) 아니에요. 뭐 그렇지는 않아요.

작가 그런데 아까 카톡 검색할 때 떴던 '울 사랑하는 여보'는 그럼?

허쌍호 아, 우리 마누라. 집사람인데. 갑자기 얘기가 딸로 넘어갔네.

멋쩍어서, 사이. 웃는다.

작가 연극과 출신 애들은 취업이 잘 안 되는 경우가 많아요. 아무래도 연기라는 게 일반적인 취업 공부하고는 좀 거리가 있고, 연기 전공으로 취업할만한 곳도 마땅치 않죠. 여자애들은 스튜어디스가 되는 경우가 좀 있어요. 끼도 있고 사회성도 좋고 하니까.

허쌍호 요즘은 뭐 자기들이 좋은 쪽으로 가니까. 부모들은 뭐 어떻게 할 방법이 없어요.

작가 대학 4학년이면 등록금 걱정은 안 하시겠네요?

허쌍호 이제 한두 번만 넣으면 되니까, 거의 안정이 됐다고 봐야죠. 어느 정도는.

작가　여기 정년이 61세니까 아직 한참 더 일하시겠네요?

허쌍호　한 6~7년 남았죠? 금방이죠.

작가　느낌이 어때요? 정년이 한 6년 남았다 이러면. 좀 더 일할 수 있지 않나요?

허쌍호　할 수 있는 나이인데. 또 우리보다도 정년이 빠른 분들도 많잖아요, 사회적으로. 58세, 55세 뭐 그러니까. 그래도 뭐 60세 그러면 어느 정도 뭐…….

작가　비현실적이지 않아요? 정년이.

허쌍호　조금 아쉬운 면은 있어요. 약간. 근데 사회 전반적인 분위기가 그렇게 흘러가니까 거역할 순 없잖아요. 역행할 순 없잖아요. 그렇게 가야지.

아직 일할 수 있는 사람에게 '정년'이라는 말이 나는 여전히 어색하다.

작가　태어나신 데는 어디예요?

허쌍호　경남 고성. 거기가 오광대로 유명하거든요. 옛날에 대가야 소가야 할 때 그 소가야 쪽이라 그런 쪽으로 유물도 좀 있고 그런 것 같더라고요. 고성 지형이, 이렇게 산이 하나 있으면 산 밑으로 마을이 형성이 돼 있고. 앞쪽이 바단데 간척지로 막아가지고 평야가 됐고. 안산하고 같다고 보면 돼요. 시화호처럼 요렇게 둑을 막아가지고 밀물이 들어왔다가 나가면 물 나간 바닷가에 낚시도 하러 다니고 그랬어요.

작가　고성에서는 어디에 사신 거예요?

허쌍호　고성읍에서 중학교를 다녔고 초등학교는 거류면이라고……. 거류산이 있어서 초등학교까지 거리가 한 시간. 동네 이름은 가려리. 발음이 좀…….

작가　가려리. 그러면 초등학교 이름이?

허쌍호　광일이라고 빛 광 자에다가 하나 일 자. 광일(光一). 광일초등학교.

작가　뜻이 되게 좋네요.

허쌍호　내가 26회 졸업생인데 거기 상당히 많았지. 졸업 인원이 한 600명 정도 됐지, 거기가 면, 읍에서 가까운 데니까 그 주변에 인구가 좀 많은 데였죠.

작가　그러면 중학교는?

허쌍호　중학교는 고성읍에서. 철, 쇠 철 자에다가 성, 이룰 성 자. 철성(鐵成). 철성중학교. 거기 졸업하고. 고등학교는 인제 마산으로. 고성하고 마산하고는 한 40분 거리? 38킬로미터 정도 될 거예요. 마산공고 나왔죠. 기계과.

작가　기계과에서 세부 전공은요?

허쌍호　전공은 선반 쪽으로 했죠. 지금도 선반 작업하고 있고, 뭐 처음부터 전공해서 그대로 그냥 쭉 선반만. 제가 한 우물 팠죠. 제가 이상하게 어릴 때부터 기술 기계 그쪽으로 쭉. 학교 다닐 때부터 그 뭐야 공작, 설계 이런 쪽이 좋더라구요. 이상해. 그쪽이 적성에 맞는 것 같더라구요. 그래서 나는 그쪽만 생각한 거예요.

작가　라디오 뜯어보신 적 있으세요?

허쌍호　아, 그런 건 많이 하지요. 심심하면 뜯고, 시계고 뭐고 다 풀었다 잠갔다……

작가　티브이도 뜯어보셨어요?

허쌍호　티브이는 겁이 나더라고. 브라운관 이런 걸 뜯으면 폭발한다는 그런 소리 있어가지고 뜯지를 못하겠더라고, 겁이 나가지고.

작가　그럼 또 뭐 뜯어보셨어요? 전축?

허쌍호　전축은 없었고, 카세트 이런 건 뜯어봤죠. 도장 이런 것도 많이 팠죠, 내가. 손재주가 상당히 좋았어요, 어릴 때부터. 도장도 내가 동네 사

람들, 주변에 있는 어르신들 거 다 파쳤으니까. 목도장 그런 것도 하고. 방패연 만들어가지고 우리 또래 친구들한테도, 동생들한테도 팔고. 그때 10원 20원에 팔았으니까. 하여튼 좀 손재주가 있었던 것 같아.

작가   제 큰형 같은 경우는 지금도 기억나는 게 하드 다 빨고 나면 남는 나무 있잖아요. 납작한 거. 그걸 이어 붙여서 배를, 엄청 큰 배를 만드는…….

허쌍호   와, 그거 대단한 건데.

작가   그거 정말 엄청난 기술인 것 같아요. 그거 가지고 팔뚝만 한 길이의 배를 딱 만드는 데 그거는……. 저는 와 장난 아니다, 뭐라 말을 할 수가 없더라고요.

허쌍호   선천적으로 좀 재주가 있어야 해요.

작가   비전을 그리면서 가야 하는 거라서.

허쌍호   머리가. 하면서, 하면서 만드는 거지, 생각이.

작가   구조를 단단하게 만들더라고요. 라인도 쫙 잡히고. 위에 돛까지 딱 달아요, 마지막에는.

허쌍호   그림을 좀 많이 보는 거죠, 그런 걸 만들 땐. 저도 연도 만들고, 얼레라 그러죠? 표준말로. 자세라 그러는데 우리는. 실 감는 거 연줄 감는 그거도 만들어봤었어요. 모양이 육각으로 된 거 있고 사각으로 된 거 있고 요런 식으로 해가지고. 이렇게 돼가지고 푸는 거 있잖아요.

작가   연 날릴 때 투루루룩 푸는 거 얘기하시는 거죠?

허쌍호   맞아요. 하여튼 웬만한 거는 다 만들어서 썼으니까. 안 사고. 거의.

작가   그걸 누구한테 배운 거예요?

허쌍호   배운 건 없죠. 주변에 친구들이 다른 사람이 만든 거 사온 거 있으면 보고 만드는 거지.

작가　해체도 해보시고?

허쌍호　해체는 안 하고 보고 만드는 거지요.

작가　그냥 보고만요?

허쌍호　자꾸 이런 얘기만 하면 이상한데, 학교 다닐 때도 아무튼……. 내가 고등학교 2학년 초에 자격증 땄으니까. 선반 기능사 2급 자격증을 반에서 최초로 땄으니까.

작가　그러면 취업을?

허쌍호　고2 말에 나왔죠. 빨리 나왔어요, 그냥. 창원공단이 가까우니까 창원공단으로 가서. 반도기계라는 자동차 부품 만드는 회산데 오일 쿨러라고 한마디로 오일 냉각 장치를 만들었어요. 이 장치를 만들어서 납품하는 업체였죠. 조그마한 중소기업인데 아마 대우에 납품했을 거예요. 제가 처음 취업해서 했던 일이에요.

허쌍호는 오일 냉각 장치의 원리에 대해서 길게 설명했다.

작가　되게 신기했겠어요, 처음 배울 때.

허쌍호　신기했죠. 처음에. 재미있었죠, 뭐 그때는. 신기했다기보다 좀 재미로 했죠, 재미로. 처음 입사했었으니까. 그때 일당 2100원 받고 들어간 것 같은데. 제가 연도는 잘 모르겠는데. 거기서 제가 한 3~4년 일하고 군대 갔죠. 거기서.

작가　그러면 SJM은 어떻게 들어온 거예요?

허쌍호　제대하니까 친구가 경기도 부천에 있었고, 바로 윗집에 고향 형님이 있었어요. 부천에 춘의동이라고. 친구가 오래서 거기 우연히 놀러 갔더니 프레스 작업을 하는 데가 있더라고요. 프레스가 여러 대 있었고 거기서 부품 받아가지고 가공해서 납품하는 데가 있더라고요. 근데 선반이 없었어요. 고향 형님이 사장이었는데 "니가 오면 내가 선반을 하나 사줄 테니까 여기 일해라." 그러면서 선반을 하나 사주더라구요, 큰 거를. 그래서 그쪽으로 올라오게 됐죠. 부천으로. 그래서 거기 반장으로 바로 들어가자마자 기계로 금형 깎고 뭐 이것저것 잡일도 하고. 프레스가 있으니까 금형이 많이 필요할 거 아니에요. 거기도 한 5~6년.

작가 꽤 오래하셨네요?

허쌍호 오래했어요. 하다가 공장이 부도나는 바람에 그 형님이 프레스 제작하는 업체를 소개해주더라구요. 프레스 사업하는 분들하고 연결이 되니까. 용산에 있는 창신프레스라고, 그리로 갔죠. 거기서도 프레스 제작하는 업체라 선반 작업을 또 했죠.

작가 거기선 얼마나 일하셨어요?

허쌍호 거기도 한 6년 몇 개월? 6년 정도 한 걸로, 6년.

작가 그럼 그때쯤 결혼하셨겠네요?

허쌍호 SJM 와서 했죠, 결혼은. 거기서 너무 한 가지 일만 하니까 좀 지루하더라고. 그래서 직장을 한번 옮겨봐야 하지 않을까 싶어서.

작가 다른 이유는 아니고?

허쌍호 내가 볼 땐 한 가지 일이 아닌데, 부품이면 크랭크도 깎고, 동으로 된 메달을, 축이 돌아가는 메달 그런 것도 깎고, 축도 깎고, 여러 가지 일을 했는데…… 조금 마음에 안 들었나 봐요. 월급이 내가 볼 때.

작가 월급. 일하는 것에 비해서 적게 받고 있다는 느낌을 받은 거네요.

허쌍호 어느 정도 기술이 올라와 있으니까. 주변 동료들이나 아는 사람들 만나보면 월급이 조금 마음에 안 든다는 생각이 있었어. 그래서 직업을 한번 바꿔봐야겠다 싶었는데 그때 서울 시내에 있는 중소기업이나 그런 업체들이 안산으로 이주를 많이 했잖아요, 한동안. 그런 시대가 한 번 있었어요. 88~89년 정도 됐을 거예요, 아마. 정확히 기억은 안 나는데.

작가 아마 그럴 거예요.

허쌍호 그때 용산에 있다가 공장 부지를 안산에 사가지고 이전한 거죠. 창신 프레스가.

작가 제가 그 당시 기록을 논문*에서 찾아봤더니 1977년부터 86년도까지가 반월공단 1차 사업 기간이었어요. 원래는 20만 명 정도를 이주시키려고 했는데 실제로는 12만 7천 명 정도밖에 이주를 안 했대요. 그래서 수도권 공업배치법이란 걸 만들어서 국세나 지방세 혜택을 주게 되죠. 안산으로 입주하는 공장들에요.

허쌍호 맞아요. 땅을 좀 싸게 해주고 세제혜택을 많이 줬을 거예요.

작가 그게 87년, 88년 이때부터예요.

허쌍호 88올림픽 그 무렵에 있었으니까. 그때 아마 창신프레스가 이전을 해서 지금 반월공단 여기 열병합발전소 옆쪽으로 갔어요. 안산으로 와서 서울 생활 포함해서 창신프레스에서 6년 일한 거죠. 거기서 생활하다가 아까 한 얘기처럼 기술도 올라와 있고 이제 나이가 거의 서른다 됐으니까. 장가갈 나이도 됐고 그랬으니까…… 아가씨도 있었고. 얘기가 자꾸 삼천포로 빠지는 것 같은데.

작가 사실 어찌 보면 삼천포가 중요하죠.

허쌍호 가정생활을 해야 하니까 임금에 약간 불만이 있었던 거죠. 돈도 좀 필요하고 결혼 생각도 있고 그러니까 직장이 요거는 좀 마음에 안 든다, 일단 좀 괜찮은 데로 가보자. 그때도 뭐 봉급은 하여튼 최고로 많

✱ 이동규, 앞의 글, 71~72쪽. '조동주 이야기' 부분 참조.

이 받았어요. 그 공장 내에서는.

작가　기술이 워낙 좋으시니까.

허쌍호　공단으로 출퇴근을 했는데, 통근버스를 타고 우연히 안산역을 지나
간 거죠. SJM이 지금은 상호가 바뀌었는데 옛날에는 성진기공이었어
요. 성진기공이 제가 들어갈 시절의 상호인데 구인 현수막이 딱 붙어
있더라고요. 역에 보면 광고 붙이는 거기에. 전화번호를 메모해서 전
화를 했죠. 하니까 인사과에 또 전화를 받는 분이 우리 선배님이더라
구요. 고등학교 선배님. 조퇴를 하고 면접 보러 갔는데 거기 계장님이
또 선배님이더라고요. 쭉 설명해주는 거예요, 회사에 대해서. 내가 잘
해줄 테니까 이쪽으로 들어와, 그러더라고요. 그래서 안산 여기 성진
기공으로 들어온 거죠. 저기서도 계속 잡는 걸 뿌리치고 이쪽으로 온
거죠. 일당은 아마 400~500원 적게 받고 들어갔어요. 거기서 받던 임
금보다 조금 적게.

작가　그때 당시 SJM은 좀 적었어요?

허쌍호　보너스가 좀 많았죠. 600프로 정도 됐었죠, 보너스가. 창신프레스는
400프로고 여기는 600프로니까 일당을 한 400~500원 적게 받아도
총액으로 치면 오히려 더 많을 것 같더라고. 복지 혜택이 또 잘돼 있
더라고요, 이쪽이 약간. 그쪽 공장장님이 동네분이어서 계속 잡는 거
를 내가 과감하게 뿌리치고 이쪽으로 이직한 거죠, 성진기공으로.

작가　동네 형이 공장장님이셨군요.

허쌍호　예. 형님이. 그러니까 자꾸 인맥이 연결이 되더라고. 가는 데마다 이
상하게. 쉽진 않았는데…… 뿌리치고 온다는 게 쉽지 않았었어요.

허쌍호는 가는 곳마다 '이상하게' 인맥이 이어졌다고 하지만, 인터뷰를 진행하는 동안
논문을 찾아보면서 그들의 만남은 자연스러운 인연이었다는 것을 알게 됐다. 공고 선

배를, 시골 마을 동네 형을 그 무렵 반월공단에서 다시 만나는 일은 지극히 자연스러운 일이었다. 안산으로 사람들을 가게 하는 국가 차원의 산업정책[*]이 실시되고 있었던 것이다.

작가 그렇게 뿌리치고 여기 오게 됐던 건 결혼을 해야겠다는 생각이 컸기 때문인가요?

허쌍호 그건 2차였을 거고 지금 생각하면 아는 분이 있으니까 약간 부담스러웠던 거 같아요. 내가 하고 싶은 얘기도 못 하고, 월급도 좀 많이 달라는 얘기도 못 하겠고. 이것저것 좀 약간 구속? 이런 부분들이 좀 부담스러워서 탈피하고 싶은 거.

작가 도망치고 싶었던 거네요.

허쌍호 예. 그런 부분들이 많이 있었을 거예요. 나 혼자 모르는 사람하고 같이 하고 싶은 얘기도 다 하고 그래야 되는데 너무 구속된 부분들이 있어서. 하여간 쭉 연결이 돼가지고 오다 보니까, 부천서부터 쭉 연결되어 있다 보니까 그걸 탈피하고 싶어서. 그게 컸던 것 같아요, 아마 이직했던 게.

작가 그럴 수 있을 것 같아요.

허쌍호 그분들이 하자는 대로 해야 되니까. 그러니까 그때 그 이유가 더 큰 것 같아요, 아마. 지금 생각하면. 그게 오히려 잘했다 생각이 많이 들

---

[*] 안산신도시에 인구가 빠르게 증가하기 시작한 것은 1986년 수도권 내 공업배치법이 시행된 뒤다. "1986년부터 시작된 인구 증가 추세는 주택 200만호 건설 시기인 1989년부터 또다시 급격하게 증가하기 시작하여 주택 200만호 사업과 수도권 5개 신도시 사업기간인 1989년부터 1996년까지 약 35만 명의 신규 인구유입이 이루어져 사실상 이 기간 중 안산 내에 분당신도시가 또 하나 생긴 것과 같은 규모의 인구유입이 이루어졌다. (…) 이주하기 전 거주지에 대한 설문조사 결과, 서울이 51퍼센트로 가장 높았으며, 처음부터 안산지역 거주가 11.3퍼센트, 인천과 수원이 각각 5.3퍼센트, 기타지역이 26.7퍼센트로서(이병하, 앞의 글, 33쪽. 재인용.) 모도시의 인구분산 효과가 어느 정도 달성되었다." (이동규, 같은 글, 61~62쪽.)

어요. 지금 30년 지나서 생각해보면 그때 진짜 그렇게 하기를 잘했다…… 지금 이분들도 계속 사업을 하고 있거든요.

작가 지금도 연락하고 지내세요?

허쌍호 예. 그런데 이분들이 이제 시골로 갔다 하더라고. 공장이 우리 고향 공장이. 농공단지 이런 쪽으로 가서, 내가 거기 있었으면 시골로 가는 건데, 그러면 또다시 시골로 가야 되는 상황인데, '오 SJM으로 온 게 잘됐다.' 생각도 들고. 그런 공장은 지금도 조그마한 중소기업에 머물러 있고. 그래서 후회는 없어요. 결과적으로는.

작가 그럼 몇 년도에 SJM에 입사했는지 기억하세요?

허쌍호 1991년이었죠, 91년도 8월 16일날 했죠. 그러니까 입사를 해도 창신프레스에서 8월 14일까지 마치고 하루도 안 쉬고 16일날 바로 일했으니까.

작가 15일은 광복절이니까요. 되게 성실하시네요.

허쌍호 제가 가는 데마다 모범사원을 안 받은 적이 없어요. 싹 다 받았어요. 성에 차야 되니까. 어영부영하는 걸 싫어하는 스타일이죠. 좀 완벽주의자죠, 한마디로.

작가 선생님이 입사했을 때도 노동조합이 있었을 거 아니에요?

허쌍호 있었어요. 그때 3대 집행부가 있더라고요.

작가 3대 집행부는 93년도니까 91년에는 아마 2대 집행부[*]가 있었을 거예요. 여기에 민주노조가 처음 만들어진 게 93년도 3대 집행부부터거든요.

허쌍호 그럼 2대 집행부가 있었을 거예요. 바로 회사를 옮기고 제가 한 석 달

---

[*] 1대 위원장은 송석주, 2대 위원장은 조은영, 3대 위원장은 정용철이었다.

있다 결혼했죠.

작가 그럼 91년도 11월쯤에 결혼을 하셨네요?

허쌍호 11월 10일인가 11월 11일이 결혼기념일인 것 같은데.

작가 (웃으며) 결혼기념일은 외우셔야 되는 거 아니에요?

허쌍호 11월 11일인가 그런데. 그럴 거예요, 아마.

작가 그럼 큰딸이 92년생이에요, 93년생이에요?

허쌍호 91년생이에요, 91년생. 아, 90년생. 애를 낳고 결혼했으니까. 1년 있다가 결혼했으니까.

작가 아, 애를 낳고 결혼하셨구나.

허쌍호 예. 결혼을. 그러니까 내가 이직을 항상 생각한 거죠. 애 낳고 하여튼 집도 제가 스물일곱 살 때 샀을 거예요. 그게 아마 드문 일이라고 생각되는데.

작가 그러게요. 그러면 91년 당시 노동조합은 처음 보셨을 것 같아요.

허쌍호 한국노총이 있더라고요. 창신프레스는 조합이 없었죠. 옛날엔 생각도 못 했고. 그런데 어떤 분이 입사를 했는데 노동조합 얘기를, 노동운동 얘기를 자꾸 저한테 하더라고요. 처음 입사한 분이. 자기 아버지가 옛날에 노동운동을 했는데 고초를 좀 당했나 봐요. 아버님 얘기를 많이 듣고 노동운동에 대한 관심이 상당히 많더라고. 그래서 약간 얘기 들었죠. 이건 창신프레스 때 얘기예요. 그 얘기도 하고 안전보호 장구에 대한 얘기도 많이 하고 했는데.

작가 안전보호 장구.

'안전'이란 말에 이젠 물기가 느껴진다…….

허쌍호 그때는 저도 귀마개를 꼭 했거든요. 귀. 청력 때문에. 지금도 청력엔

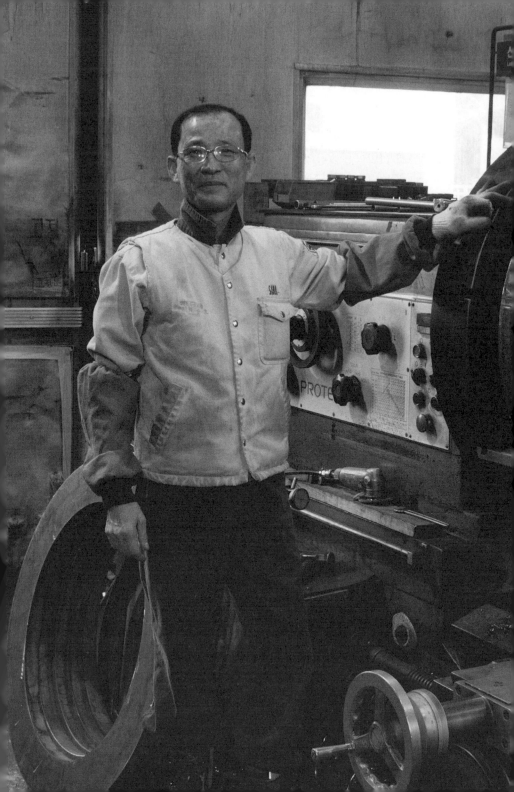

아무 문제 없거든요. 그때 귀마개 했던 게 지금도 유지되는 것 같아서 잘했다는 생각이 들어요. 그때는 누가 안전 장구 하라는 사람도 없었어요. 귀마개 이런 거 하는 사람 없었어요. 그런데 그때서부터 제가 했으니까, 그거를.

작가 그분을 만나서?

허쌍호 예, 그분을 만나서. 귀마개를 지금은 다 쓰잖아요. 그런데 그때는 다 안 썼었어요.

작가 그럼 그분이 뭐라고 하면서 귀마개를 쓰라고 했어요?

허쌍호 이런 보호 장구를 분명히 지급해야 된다는 식으로, 당연히 해야 한다는 식으로 얘기하더라고.

작가 회사에다가.

허쌍호 예. 그래서 저도 그런 게 좋은 것 같아서 직접 챙겨서 했는데 성진기공 들어오니까 귀마개 주고, 마스크 주고, 막 그러더라고요. 작업복도 막 빨아주고. 그래서 조합이라는 걸 알게 됐죠. 새로운 세상을.

작가 새로운 세상……. 그렇군요.

허쌍호 나는 약간 좋게 봤죠. 조합이라는 거를. 한동안은 좋게 보다가. 그런데 조합 활동 안으로 깊이 들어가다 보면, 이게 참 우여곡절이 많은데…….

나는 잠시 망설이다가 입을 뗐다.

작가 선생님, 실은 제가 선생님을 뵙고 싶었던 게 96년 파업 때는 회사에 들어가서 일을 하셨는데 이번 727 때는 바깥에서 같이 계셨다고 들었거든요. 그래서 그렇게 변하게 된 얘기를 좀 솔직하게 해주실 수 없는가…….

허쌍호　한동안 조합이라는 걸 좋게 봤는데 이게 또 생활하다 보니까 약간 불만이 쌓이더라고요. 약간 둘로 갈리는 기운이 있더라고요, 사람들이.

작가　그럼 96년 파업 당시에 회사 쪽으로 간 거는?

허쌍호　96년에는 제가 좀 무지했던 거, 한마디로.

작가　무지했다.

허쌍호　몰랐죠. 조합에 대한 거를. 정확하게 조합이란 걸 파악 못 했죠. 단순하게 그냥 요구만 한다 뭐 요런 착각을 한 거죠, 약간.

작가　노동조합은 회사에 요구만 하는.

허쌍호　요구만 하고 그땐 실질적으로 활동을 잘 못했잖아요. 조합원에 대한 교육이라든지 이런 부분들이 상당히 미흡했다고 봐야죠. 지금 와서 생각해보면. 조합의 한 사람 한 사람에 대한 교육이라든지 실제로 조합의 역할이라든지 사회적으로 공헌하는 부분이라든지 이런 부분을…….

작가　조합의 사회적 공헌이나 개별 조합원에 대한 교육.

허쌍호　예. 전혀 뭐 없었던 시대라 당시에는 그냥 이게 요구만 하고 임금인상 시기 되면 투쟁만 하고 이런 시기였으니까. 요구만 하고 투쟁만 하는. 그랬으니까 약간 반감이 있었죠. 회사에서 회유도 많이 했죠.

작가　민주노조를 처음 막 만들어가는 시기였을 테니까. 회사에서 뭐라고 하면서 회유했어요?

허쌍호　술도 사주고 조합에 대한 좋지 않은 얘기를 막 하고. 조합 쟤들은 맨날 뭐 일도 하지도 않고 요구나 하고 말이야.

작가　일은 안 하고 요구만 한다.

허쌍호　요구만 하고 말이야 뭉쳐 다니면서 좋지 않은 쪽으로만 활동한다고 맨날 이러니까 저도 모르게 약간 회유가 된 것 같아요. 그분들한테.

작가　제가 좀 궁금해서요. 그때 어땠어요? 파업기간에 안에서 일하실 때.

허쌍호   제 성격이 어떻게 보면 좀 외골수잖아요. 성격 자체가. 딱 한번 꽂히면 확 빠지는 스타일이에요. 그래서 이제 일을 열심히 하려고 그러는데 말이야 막 파업하자 그리고 그러니까 약간 좀 불만인 거지 어떻게 보면.

작가   아 일을 하려고 하는데?

허쌍호   파업하고 막 어디 모이고 자꾸 그런 게 불만이 좀 있었을 거예요. 일을 해야 하는데 왜 자꾸 일 안 하냐 이런 식으로 불만이 있었던 것 같아요. 내 마음속에 약간. 그런 것도 있고 관리자들이 약간 회유도 하고 그러니까 술도 먹고 그렇게.

작가   그럼 그때 무슨 역할을 하셨어요? 아니면 그냥 일만?

허쌍호   일만 했죠. 일만.

작가   일하고 있을 때 사람들이 와서 "너 왜 그러냐?" 이렇게 얘기했다면서요.

허쌍호   그랬죠. 많이 부딪혔죠. 저하고는. 싸울 뻔도 하고. 내 생각에 아니면 반발을 좀 많이 했죠. 한마디로. 727 때 내가 확 돌아선 게 아니고 727 되기 이전에 2~3년 전부터 약간 마음이 바뀌었어요. 조합에 대해 알고. 지회장님이 우리 조립반에서 같이 일했잖아요. 회식 같이 하고 술 한잔 먹고 하면서, 지회장에게 내가 좀 미안했었다. 옛날 거기 96년도나 그 전에. 내가 너무 몰랐고 미안했었다 말했죠.

작가   그럼 한 10년 정도는 마음이 좀. 꽤 오래간 거네요.

허쌍호   한 10년 정도 갔다고 봐야죠.

작가   그러면 선생님 조금씩 변하게 된 계기는 뭐예요?

허쌍호   생산 관리자들이 왔다 갔다 하는 게 있더라고. 약간 이간질하는 게 있더라고. 이렇게 내가 생활을 해보니까 그분들하고.

작가   그게 2008년 이후죠?

허쌍호 그렇죠. 약간 이 사람한테 이 얘기 하고 저 사람한테 저 얘기 하고 약간 다른 거 있잖아요. 서로 싸움 붙이는 경우도 있는 것 같고, 그런 부분들이 약간 보였어요, 관리자들한테.

작가 그러니까 그 노무 담당 이사가 바뀐 시점[*]인데요?

허쌍호 예. 그러니까 어떻게 보면 사람을 좀 이용하는 게 보이더라고. 그래서 이건 당연히 아닌데 싶어가지고 제가 약간씩 마음이 변했죠. 한번은 우리 임금투쟁 시기였는데 내가 조장을 하고 있었는데 저녁을 먹자고 오라고 하더라고. 평소에 술 한잔씩 먹던 사람들 쭉 불러 모아서 중앙동 식당을 갔었는데, 노동 관련 대학교수 한 분이 왔어요. 우리 회사 이사하고 생산과장하고 회사에서 몇 명 오고. 인원이 상당히 많았는데 돌아가면서 발언을 하래요. 그 대학교수라는 분이. 앞으로 어떻게 잘하겠다, 노동조합에 반대되는 입장을 잘하겠다는, 반대되는 입장을 쭉 얘기하라고. 자기는 메모를 하면서. 상당히 불쾌하더라고 저는, 그 얘기를 들었을 때. 이거 뭐냐고 저녁 먹으러 오라고 해놓고 뭐 이상한 선동 비슷하게 해가지고 강요하는 식으로. 일단 그 자리는 피하고 그때부터 뭐라 했죠. 그 뒤부터 인제 이거는 분명히 아니고 이거는 뭔가, 물론 조합이 나쁜 그런 거는 있는데 이거는 회사가 너무 속이 보이는 행동을 한다, 이분들이. 의도적으로 하는 게 좋지 않다 이거는, 제 생각이 조금씩 바뀌기 시작했어요. 그때부터.

작가 이 얘기를 책에다 써도 될까요?

허쌍호 돼요. 사실이니까. 그리고 인사노무 담당하는 그분이 의도적으로 그러는 게 보이더라고. 그때가 집행부가 바뀔 시기였어요. 그러는데 그

---

[*] SJM 노사관계가 악화된 것은 노무 담당 이사로 ○○○가 취임하면서부터다. 그는 결국 727 폭력사태에 대한 책임을 지고 실형을 살았다.

분이 누구누구가 올해 노동조합 임원을 해라, 지정을 하는 거예요. 그러니까 한마디로 위원장, 부위원장, 사무장 이런 거를 자기가 지정을 하는 거예요. 그분들이 이번에 출마를 해라, 이렇게 의도적으로 그런 얘기를 하더라고. 아무리 자기가 노무 담당이라도 이렇게까지 하는 거는 문제가 있다. 그래서 거기서 제가 심하게 반발을 했죠.

작가 2011년도에.

허쌍호 2011년 선거 때 세 팀이 후보로 나왔어요. 그중에 회사 측에서 지목한 사람도 나왔고. 회사 측에서 노조선거에 관여하는 거 계속 보이길래 '이제 그런 거를 하지 마라, 왜 이렇게 하느냐 이렇게까지 하는 건 문제가 있지 않느냐 이런 건 자율에 맡겨라. 너무 깊이 관여하는 것 같다. 이렇게 하는 걸 나중에 누가 알면 어떻게 할 거냐.' 그렇게 따졌죠, 내가. ○○○ 씨한테 따지니까 이분이 나한테 불이익을 주기 시작하는 게 보이는 거예요.

작가 어떤 불이익요?

허쌍호 예를 들어 이런 거는 아주 사소한 건데 내 생각일지도 모르고. 옛날에 산에 야유회를 갔었는데 등반대회가 있었어요. 상품이 걸려 있었는데 제가 2등인가 했어요. 원래 1, 2, 3등 다 주는 건데 그날은 1등만 딱 주는 거예요. 내가 들어가 있으니까 2, 3등은 안 주는 거예요. 의도적으로. 약을 또 슬슬 올리는 거야. 그래서 내가 따지고 달려들었고, 아이씨, 그래서 나도 성질나고 그래서 그 뒤부터는 보면 인사도 안 하고.

작가 치사한 짓들을 많이 했네요.

허쌍호 아유, 엄청났어요. 그래서 727 때는 바로 제가 앞장섰죠.

작가 앞장서셨어요?

허쌍호 예. 727 때는 제가 마라톤 동호회 회장을 맡고 있었으니까. 우리 회원들한테 계속 메시지를 넣었죠. 계속 뭉쳐야 된다. 한 사람도 이탈하면 안 되고 계속 끝까지 내가 무조건 앞장설 테니까 끝까지, 이길 때까지 같이 가기로. 우리 동호회 회원들 소통방 쪽으로 계속 그런 문자를 계속 장문으로 넣었죠. 계속 위로를 하고 동료들하고 그런 거를 많이 하다 보니까 모범조합원 상도 주고 그러더라고요.

작가 그렇게까지 하게 된 이유는 뭐예요?

허쌍호 부당한 게 보이니까. 내가 깨달았으니까. 좋지 않은 쪽으로 한 번 두 번 보다 보니까 진짜 이건 아니고.

작가 선생님은 외골수니까. 딱 꽂히면 가는. 727 당일에는 상시 근무니까 퇴근하셨다가 들어오셨을 것 같은데?

허쌍호 휴가 가기 전이었으니까. 나는 시골 가려고 마음먹었는데 처남이 왔길래 술 한잔하고. 그런데 휴대폰을 항상 진동을 해놓으니까 그냥 저 한쪽에 던져놓고 잔 거죠. 잤는데 집사람이, 나는 곯아떨어졌는데 계속 자꾸 뭐가 울리더래요. 자꾸 진동이. 그래서 별 대수롭지 않게 생각했는데 아침에 일어나보니까 용역 깡패 투입해가지고 딱 들어와 있는 거예요. 보통 내가 5시 반에 일어나거든요. 아침에 항상. 알람이 5시 반에 맞춰져 있으니까. 아침운동을 항상 하니. 딱 일어나보니까 문자가 딱 와 있는 거예요. 난리가 나 있는 거예요. 보니까. 전화가 와 있고 문자가 와 있고. 아휴 빨리 밥 먹고 씻고 빨리 회사에 가자. 그래서 집사람 차 타고 바로 온 거 아니에요. 아침에 회사로 오니까 어느 정도 끝나고 6시 30분 정도 된 것 같더라고요. 어느 정도. 상황이 끝나고. 그러고 이제 정문 쪽에 다 집결해가지고 있더라고 사람들이 와 있고 막 난리가 아니었죠. 저도 마음이 떨려가지고 가슴이 두구두구 떨려가지고 오니까 막 핏자국 나 있고 하얀 바닥이 막 방사기, 소화기 뿌린 가루 흩어져 있고 그러니까 정신이 없더라고요 저도.

작가 그러면 선생님 그때 풍경이 피 뭐…….

허쌍호 저도 정신이 없죠. 그러고 상황을 보니까 눈물이 막 나오려고 그러더라고 갑자기.

작가 눈물이 나셨어요?

허쌍호 그냥 뭐, 야 이건 이렇게 하면 안 되는데 그런 생각이 확 들더라고 회사가. 근데 좀 정신 차리고 보니까 출근시간 되고 하니까 통근버스 오고 모이고 그러니까 약간 안정이 되니까 지회장님이 와서 조합원들을 불러 모았어요. 근데 지회장님 이렇게 보니까 흥분을 안 하더라고. 상당히 침착하시더라고. 잠도 못 자고 밤새 얼굴이 초췌해졌는데 사무실 쪽으로 보면서 '야 개새끼들아, 너가 인간이냐?' 이런 식으로만 얘기하더라고 다른 욕은 안 하고 그러면서 상당히 침착하시더라고. 조목조목 설명을 잘해주더라고 상황실장이. 그래서 그걸 듣고 우왕좌왕했던 사람도 있었을 거예요. 저는 야 이거 분명히 뭔가 회사가 음모가 있다 분명히. 그 전에 정황을 보았을 때 이렇게 쭉 하던 행동을 봤을 때 분명히 이거 시나리오가 짜인 게 분명히 있다. 좋지 않은 쪽이 분명히 있으니까 분명히 이겨야 된다.

작가 그러면 처음부터 선생님은 아예 안에 들어갈 생각이 없었던 거죠?

허쌍호 저는 그런 거 없었죠.

작가 복귀한 인원이 마흔 명 넘었잖아요.

허쌍호 아 그건 사무실. 주로 사무실. 현장에서 복귀한 인원은 아홉 명이었어요. 현장 쪽이 중요한 거지. 사무실 쪽 분들은 뭐 어쩔 수 없는 상황인 거잖아요. 사무실 사람들 일하는 거는 이해를 해야죠, 뭐. 그래서 모든 상황을 봤을 때 너무 든든하고 지회장님 하는 거 보니까 든든하더라고 딱 봤을 때. 하나하나 일처리 매듭을 풀어나가는 부분들이 믿음직하더라고요 보니까. 그리고 바로 하룬가 이틀인가 있다가 바로 방송 쪽으로 언론 쪽으로 할 수 있는 호준 씨를 내세우고, 호준 씨가 또 상당히 야무져요.

작가 조호준 씨.

허쌍호 엄청나게 야무진 사람이에요. 그분도 쌍둥이예요. 그분이 이제 언론 쪽으로 전부 알렸죠. 내가 술 한잔 먹으면서도 호준 씨한테 진짜 너 일 잘했다. 진짜 너 아니었으면 우리가 세상에 이렇게 알려지지도 않았고, 진짜 우리가 상황을 가늠할 수 없는 미궁으로 빠질 수도 있었는데 진짜 너 큰일 잘했다고 내가 얘기하죠. 호준 씨한테는. 결정적으로 역할이 엄청나게 컸다고 내가 얘길 하죠, 항상.

작가 727 투쟁 과정 때 어떤 일 하셨는지 얘기 좀 해주세요.

허쌍호 그냥 묻혀 있었죠, 뭐. 발언도 하라 하면 몇 번 나가서 하곤 했는데. 또 지회장님이 가끔 시켜요 일부러. 시키고 그러면 하고. 또 마라톤 동호회 회장 하고 있으니까 회원이 한 서른대여섯 명 되니까.

작가 마라톤을 그렇게 많이 해요?

허쌍호 3공장 쪽은 거의 다 하니까. 이게 좀 역할이 크니까, 어떻게 보면 책임이. 그러다 보니까 좀 자꾸 일부러 발언도 시키고 뭐 하고 그랬어요. 그리고 우리가 중간에 바닷길 마라톤 대회가 있었는데 그때 가서 서명도 받고 홍보활동도 많이 했죠. 그리고 중간에 또 제가 사고가 한 번 났었어요. 자전거 타고 가다가. 파업기간에. 9월 6일인가 7일인가 출근시간에 교통사고가. 저는 자전거 전용도로를 타고 오는데 차가 툭 밀어가지고 탁 그냥 거꾸러졌는데 골절됐어요, 발가락이. 입원해서 5주 정도 쉬었었죠.

작가 지금은 뛰는 거 문제없으세요?

허쌍호 똑같아요. 문제없어요. 그거 하고도 서브스리* 하고 다 했어요. 그리고 4연풀이라고 있어요. 4주 연속 계속 풀코스 뛰는 거 있어요.

작가   와.

허쌍호   4연풀 완주했어요. 그것도 기록도 3시간 6분, 3시간 8분, 3시간 9분, 3시간 11분 그렇게 뛰었으니까.

작가   와, 장난 아니네요. 전 지금까지 1천 미터도 달려본 적 없는데. 그러면 5주 입원하셨으면 싸워서 이기고 공장으로 들어오는 거 못 보셨겠네요.

허쌍호   못 봤어요. 이겼다고, 회사로 들어간다고 연락 와서 울었네요, 그때.

작가   병원에서 울었어요?

허쌍호   네.

작가   어떠셨어요?

허쌍호   엄청 가슴이 벅찼죠, 그때.

작가   그렇구나. 가족들은 어떠셨어요?

허쌍호   눈물 나오려 하네. 아니, 갑자기.

그는 갑자기 눈물이 흐를 것 같은 표정이 된다.

허쌍호   엄청 마음이 아프다고. 어머님한테 전화 왔더라고.

작가   어머니가 어디 고성에서?

허쌍호   시골에 있죠. 그러니까 밖에 쫓겨나갈 때니까…… 어머니가 전화해서 마음이 아프다고…… 말은 못 하고…….

그는 잠시 숨을 멈추고 눈을 떨었다. 나는 그때 전화기를 들고 말을 잇지 못했다던 그

✖ 마라톤 풀코스인 42.195킬로미터를 세 시간 안에 주파하는 것을 말한다.

의 어머니를 느꼈다. 그의 어머니가 아니라 어쩌면 숨이 떨어지기 얼마 전 나를 응시하던 어머니를 느낀 것일지도. 아무튼…… 나도 잠시 숨이 멎었다.

작가　뉴스를 보셨다고 그러세요?

허쌍호　우리 집사람이 얘기한 것 같아요, 보니까. 쌀 있냐고 보내준다고. 쌀 안 떨어졌냐고. 어머님이 그 말 할 때 눈물이 확 나더라고. 엄청 걱정을 한 거죠. 직장을 잃고 깡패들한테 쫓겨나고 길거리에 있다고 하니까 마음이 엄청 아프다고 그러더라고. 말을 못 하고. 엄청 마음이 아팠겠죠, 부모님은.

작가　아버지도 살아 계세요?

허쌍호　올해(2015) 86세로 돌아가셨어요. 엄청 건강하셨는데 뇌졸중으로. 그때 왜 내가 눈물을 흘렸냐면, 어머님이 그 뭐야 갑자기 급성폐렴이라 그래요. 갑자기 급성으로 폐병으로 전이됐다 그러더라고.

작가　그 무렵에.

허쌍호　예, 급성으로. 공장 밖으로 내가 나가 있는 무렵에. 형님이 전화가 왔어요. 시골로 내려와야 되지 않느냐, 엄마가 진짜 위독하다. 근데 내려갈 수 없는 상황인데 사실 어떻게 보면 여기 일이 더 중요한데. 물론 어머니도 중요한데. 내려갈 수 없다. 내가 지금 설명을 못 하겠는데 진짜 힘들다. 여기 어느 정도 정리, 안정만 되면 내가 내려갈게. 형님이 좀 잘 간호하시라고. 진짜 위급한 상황까지 갔나 봐요, 어머님이. 형님이 모셔가지고 파티마병원에 입원을 시켰는데 좀 안정이 돼서 전화를 하셨더라고. 그래서 내가 눈물을 흘린 거죠. 못 가서. 그때 형님이 갑자기 엄청 뭐라 하는 거예요. 안 내려온다고. 상황을 잘 모르는 거지. 형님은 실제 상황을 모르니까. 그래서 내가 회사가 상당히 좋지 않고 지금 직장폐쇄돼서 밖에 나와 길거리에 있으니까 미안하

다. 어쩔 수 없는 상황이니까 이해해달라고 전화를 하고, 그리고 어머
님이 전화가 왔는데 작은애야 마음이 아프다, 쌀은 있냐, 이러더라고.
쌀 부쳐준다 그러더라고.

작가　　부쳐주셨어요?

허쌍호　부쳐줬더라고요. 조금. 그런 과정이 상당히 어려울 때가 겹치니까 힘
들었죠. 제가.

작가　　어머니는 어떤 분이셨어요?

허쌍호　우리 어머니는 걱정이, 항상 전화 오는 게 쌀 떨어졌냐? 그 말 하셔
요, 항상. 집에 쌀 있냐. 시골에 농사지으니까 항상 갖다 먹으니까.

작가　　이 얘기를 어렸을 때부터 계속 들으셨구나.

허쌍호　내 생일이 음력 10월 10일인데 항상 전화를 하세요. 아침 되면. 미역
국 끓여 먹으라고. 우리 집사람한테도 전화를 하고. 꼭꼭 안 빠지고.
지금도 뭐 동네 전화번호 다 기억할 정도로 건강하고 그러니까. 아직

도 뭐 눈도 나만큼 밝으신 것 같더라고. 귀는 하나도 안 어두우시고 지금 딱 80인데.

작가 어머니가 그러면 늘 신경 가는 아들이겠네요?

허쌍호 그렇죠. 늘 항시 걱정하죠.

작가 가족 관계가?

허쌍호 우리가 2남 4년데 위에 큰누님 있고 그다음 작은누님 있고 그다음 형님 저 여동생 둘 있고 그래요.

작가 다시 회사에 들어가게 됐다고 어머님께 전화드렸겠네요?

허쌍호 전화하고. 우리 장모님한테도. 계속 걱정하고. 제가 또 처갓집에는 맏이라, 양가에서 완전히 걱정이 태산이었죠, 뭐. 727 무렵에 처제들이고 처남들이고 전부 난리가 아니었죠. 727이 단순히 여기 조합원들만의 일이 아니고 어떻게 보면 4인 가족이면 우리가 뭐 200명 잡아도 한 천 명 가까이 되는데 그 식구들이 다 고통을 받은 거죠. 한마디로. 고통 속에서 59일간이란 진짜 긴 시간 동안 앞을 내다볼 수 없는 그런 속에서 고통을 받았죠.

2014년 허쌍호는 김영호 지회장에게 '그때 우리 가족들을 다 구해줘서 고맙다.'고 인사를 했다. 임단협 끝나고 설명회 하는데 확인서를 배포할 때였다. 회사가 앞으로 노동조합을 인정하고 조합원들의 고용도 보장하고 서로 상생하면서 같이 잘 나가겠다는 확인서를 받아왔다고 했다. 그는 노동조합이 사회적으로 연대를 하고 같이 사회적인 사업을 해야 조합원들도 인식이 바뀔 거라고 말했다. 그는 727을 겪으면서 사회적 연대가 정말 중요하다는 것을 정말 절실하게 깨달았다고 반복해서 말했다.

작가 그럼 727 때 돌아섰던 분들하고 사이좋게 지내세요?

허쌍호 내가 처음에 반발을 많이 했죠. 현장에 돌아와가지고. 여기 ○○○ 씨라고. 마지막에 돌아온 분 있어요. 그분이 내 앞에서 일하고 있었는데, 나는 선반 하니까 바로 맞은편에 그분이 보였는데 제가 상당히 괴롭혔어요.

작가　선생님이 괴롭혔다고요?

허쌍호　내가 괴롭혔어요. 일부러. 내가 처음 딱 들어오니까 악수를 청하더라고요, 현장에 들어오면서. 제가 "금속노조에 가입하기로 했어?" 그러니까 "아 저는 아직 못 하죠." 그러더라고요. "왜 못 해, 이제 끝났는데 해야지, 당연히 와야지." "저는 못 하죠." 그러더라고요. 그래서 알았다고 그러면 앞으로 알은척하지 말라고. 그래서 내가 인제 의도적으로 나하고 몇 명이 짜고 나 저 상태로는 도저히 일 못 하니까 나 지금 정신과 치료 받아야 된다. 저 사람 보이니까 나 도저히 일 못 하겠다. 정신과 치료 받아야 된다 그러고 일부러 치료받으러 다녔잖아요. 한 3~4주 다녔잖아요.

작가　일부러 치료받으신 거예요?

허쌍호　실제 스트레스도 받았죠. 일 못 하니까 일부러 회사에 압박을 준 거죠. 그리고 이쪽에 성형반 반장하고도 많이 다퉜어요. 성형반 반장이 약간 중립적 입장을 취하길래, 이 사람하고 우리하고 분리시켜라, 왜 중간에서 감싸고도냐고. 내가 상당히 좀 강하게 반발을 했죠, 그 사람한테. 같이 일을 못 하니까 분명히 조치를 취해라, 회사에서. 그래서 상당히 오래 같이 현장에 있다가 결국은 다른 곳으로 가긴 갔는데. 이제 좀 제가 약간 앞서서 가는 쪽도 있었어요.

작가　그럴 때 앞장서신 거네요?

허쌍호　왜냐하면 성격인 것 같아요. 딴 거보다도. 좀 나서는 게 있어가지고.

그는 마라톤 완주를 한 다음에는 완주기를 쓴다고 했다. 우리의 대화는 글쓰기와 마라톤으로도 이어졌다.

작가   제가 선생님과 인터뷰에서 뭘 골라서 써야 할지⋯⋯.

허쌍호   필요한 거만.

작가   저는 우선 냉각장치 얘기 하실 때 들려주신 윤활유 얘기를 좀 쓰고 싶어요. 그게 뭐랄까 좋아요. 냉각시켜준다는 거요. 어루만져주는 거잖아요, 결국은. 빙글빙글 바깥을 돌면서.

허쌍호   저도 글쓰기를 상당히 좋아하는데. 제가 마라톤을 하잖아요. 뛰고 나서 완주기를 쭉 써서 안산 마라톤 클럽 홈피 공지에 항상 딱 올려놓거든요 제일 위에. '안마클'이라고 하죠. 안산 마라톤 클럽.

작가   마라톤을 하는 동안에 느낀 걸 쓰는 건가요?

허쌍호   그렇죠. 그 느낌. 준비과정부터 시작해서 완주한 느낌까지 쭉. 사진도 첨부하고. 제가 울트라 완주했을 때도 장편으로 한 편 올리고. 100킬로를 1박 2일 동안 뛰는 거예요.

작가   1박 2일? 와. 네 명이 뛰는 거?

허쌍호   아니에요. 이건 혼자서 100킬로. 그거 할 때 완주기를 한 번 장편으로 썼고 그다음 서브스리 할 때도 서브스리 장편으로 썼고. 서브스리는 세 시간 안에 뛰는 거. 42.195킬로미터 풀코스를. 미국에선 울트라 마라톤을 3박 4일 사막에서 3, 400킬로 뛰는 거고.

작가   그럼 727 기간에 마라톤 출전한 거는?

허쌍호   그때 우승했죠. 제가. 100킬로를. 727 때 파업 중간에 8월 30일인가 강화 울트라 마라톤 대회라고 있어요. 제가 우승했어요, 거기서. 9시간 54분.

작가   그때만 해도 50대잖아요.

허쌍호   네. 그때 50대죠. 727이 있었으니까 극복을 하려고 그 좀 힘든 과정을 운동에 빠져, 운동 쪽에 전념을 해버린 거죠. 스트레스를 풀기 위해서. 그래서 그때 훈련을 상당히 많이 했죠, 이제. 딴 사람들은 안 하던 운동을 저는 그때 한창 더울 땐데도 또 제가 엄청나게 좀 말랐는데 마른 체형이라 장점이 있으니까. 그래서 우승을 했죠.

작가　　훈련을 어떻게 하신 거예요?

허쌍호　　산, 언덕 뭐 이런 데서 많이 하죠. 주로. 뛰는 거죠. 언덕을. 727 때 퇴근을 다 했으니까. 정시에, 우리가.

727 때도 그들은 여전히 출퇴근을 하고 주말엔 쉬었다. 다만 공장으로 들어가서 일을 하지 못했을 뿐이다.

허쌍호　　퇴근 후에 혼자서 훈련하는 거죠. 스트레스가 쌓이니까 그걸 풀기 위해서 운동으로 돌린 거죠. 그거를. 그 생각을. 몸 상태는 힘든 일은 안 하니까 정시에 퇴근하고 뭐 왔다 갔다 하니까 괜찮았어요.

그 더운 여름날 허쌍호는 강화 울트라 마라톤 대회에 나가서 오후 5시에 출발, 9시간 54분을 쉬지 않고 달려서 우승했다. 이 대회 최고기록인 9시간 38분에는 못 미쳤지만 혼자 새벽을 달리는 동안 자신만의 희열을 느꼈고, 살아온 시간을 돌아볼 수 있었다.

인터뷰가 끝나고 다음 날 그는 내게 '완주기'를 두 편 보내주었다. 두 팔을 만세 부르듯 치켜들고 테이프를 끊는 우승 사진과 함께.

바깥에 있을 때가 좋았는데

'깡패'들이 회사로 들이닥쳤을 때 사무장 김용기는 아내에게 연락할 겨를이 없었다. 용역들이 올 것 같다고 연락한 게 마지막이었다. 아내는 다른 사람에게 연락을 받았다. 누군가 불안해하지 말고 집에서 기다리라고 기별을 해두었던 것이다.

아내는 727 직후 가족대책위가 구성되면서 총무를 맡았다. 그녀는 초등학교도 들어가지 않은 아이 둘을 데리고 천막까지 와서 밥을 하고 피켓을 만들곤 했다. 아이들을 맡길 곳도 마땅치 않았다. 김용기가 사회를 보고 있으면 어린아이는 맨 앞줄에 앉아서 팔뚝을 접었다 펴가며 노동가요를 따라 불렀다. 너무 어린 나이에 안좋은 모습을 보여주는 건 아닐까 하는 걱정이 들면서도 아이들이 눈앞에 있으니 안심이 되었다.

직장폐쇄라 마음이 무거웠지만 사실 몸은 평소보다 편했다. 그동안 임원들이 도맡아서 하던 일을 조합원 전부가 상근이 되어 나눠 했던 것이다. 김용기는 그저 일을 나눠서 할 수 있도록 일정관리만 해주면 됐다.

민주노총 안산지부 사무실에서 자는 날이 많았다. 아침에 '출근'하는 조합원들에게 문을 열어주기 위해서였다. '즐겁게 싸우자'는 기조를 지키기 위해서 문화제는 콘서트 수준으로 진행하려고 노력했다. 주말이면 가족들도 나와서 문화제에 참여했다. 하루는 문화제를 하는데 비가 왔다. 조합원들은 비를 피하지 않고 흠뻑 젖어서 놀았다. 더운 여름날이었다. 나중에 쫓겨난 사람들이 놀고 있다며 '어용노조'의 소식지에까지 나왔다.

지친 날에는 버스를 대절해서 반월저수지 다리 밑으로 소풍을 갔다. 수암봉에도 올랐다. 조금씩 비가 내리고 있었지만 우비를 차려입은 조합원들은 처음 해보는 경험들이 낯설고 특별했다. 투쟁하면 힘들기만 할 줄 알았는데 놀러도 다닌다니, 의아하면서도 즐거운 일이었다.

회사로 돌아온 9월 26일 가족대책위에서 음식을 준비했다. 그동안 도와준 사람들도 함께 모여 축하파티를 열었다. 사회를 보러 앞으로 나간 그는 가슴속에서 뜨거운 것이 울컥 치밀어 오르는 것을 느꼈다. 맨 앞줄에 앉은 아들이 팔뚝질을 하며 노동가요를 부르고 있었다.

마지막 문화제가 끝나고 '퇴근'을 했다. 김용기는 아이들을 먼저 재워두고 아내와 단둘이서 결혼하고 처음으로 외출을 했다. 외출이라고 해야 집 앞에 있는 술집에 가서 어묵탕 하나에 소주 세 병을 마시는 게 다였다. 아이들을 재워놓고 나온 터라 불안해서 그마저도 서둘러 마시고 집으로 돌아갔다.

벌교에서 나서 안산으로 온 총각은 경기도 안성에서 지금의 아내를 만났다. 그녀도 교육을 받으러 왔다가 만났다. 그날 저녁 교육생들은 밖에 나가서 술을 한잔 먹게 되었는데 어찌하다 보니 두 사람만 남게 되었다. 둘은 매점으로 가서 캔 맥주를 사다가 하나씩 나눠 마셨다. 이런저런 얘기 끝에 연락처를 주고받게 되었다. 나중에 그가 먼저 전화를 했고, 그들은 다시 만났다.

예정일보다 빨리 세상에 나온 첫애는 숨도 제대로 못 쉬어서 응급실 인큐베이터에 한 달 동안 있어야 했다. 그는 아내가 젖을 짜놓으면 얼려두었다가 다음 날 점심때마다 병원에 가져다주었다. 간호사가 그걸 녹여서 아이에게 주는 것을 보고서야 회사로 돌아왔다. 그렇게 애지중지 키운 아이가 맨 앞줄에 앉아서 팔뚝질을 해가며 노동가요를 부르던 녀석이다.

하루는 지회장이 가장 힘든 일이 뭐냐고 물었다. 그는 글을 쓰는 일이 가장 힘들다고 했다. 누가 글 쓰는 것만 도와주면 뭐든지 하겠다고 말했다. 그는 교섭이 있는 날엔 녹음해두었다가 밤새 녹취를 풀었다. 다음 날 교섭속보가 나가야 하기 때문에 잠을 잘 수가 없었다. 일일이 타이핑해서 푼 녹취록을 인쇄해 죽 읽어가면서 중요한 내용을 발췌 요약한 뒤 소식지와 교섭속보에 실었다. 교섭속보를 작성해 지회장에게 보여주면 뒷면에 '다시 작성할 것'이라고 적혀 있던 적도 있다.

그는 작가로서 내가 해야 하는 일을 이해할 것 같다는 표정이었다. 나는 그의 말이 옳다는 것을 알겠다. 당사자들 가운데 글을 잘 쓰는 사람이 있었다면 내가 이런 일을 해야 할 까닭도 없었을 것이다. 직접 사태를 겪은 당사자들, 그들 곁에 있던 사람들 중에서 단지 몇 명과 인터뷰하고 거기에서 몇 가지 사실과 정서를 선택하여 배치한들 얼마나 많은 것들이 글로 옮겨질 수 있을까. 글로 잘 옮기는 것 못지않게 글로 잘 상상하는 것도 중요하다는 생각을 자주 했다.

여러 사람 중 몇 명을 고르는 일, 그들에게 특정한 질문을 던지고 돌아온 답변 중에서 선택하고 편집해서 배치하는 것은 나로서도 꽤 난감한 일이었다. 자료와 증언을 바탕으로 내 나름의 전체적인 해석을 드러내는 작업을 하면서도 혹시 듣고 싶은 것만을 듣기 위해서 질문하고 있는 것은 아닌지 끊임없이 돌아보았다.

직장폐쇄가 끝나고 사무실로 돌아온 김용기를 가장 먼저 반긴 건 산더미처럼 쌓여 있는 업무였다. 실무적인 교섭이 남아 있었고 임금단체협약도 끝나지 않았다. 산재 처리니 분실물 처리니 하는 조합원들의 요구도 사무장인 그에게 쏟아졌다. 책상에 쌓여가는 일거리를 보면서 바깥에 있을 때가 좋았다는 생각이 절로 들었다.

어떻게 ///////////////////// 느끼셨습니까?

727 때 SJM에 투입된 용역회사는 '컨택터스(Contact-us)'라는 업체였다. 컨택터스는 7년간 열네 개의 노조를 깬 노조파괴 전문회사 '창조컨설팅'과 밀접한 관계에 있던 곳이다. 당시 통합진보당 이상규 의원에 따르면 사측과 컨택터스는 임단협이 진행 중이던 4월, 이미 견적서를 주고받았다(뉴시스, 2012년 9월 5일). 컨택터스를 압수수색한 경찰에 따르면 직장폐쇄 당시 경찰에 신고된 용역은 모두 198명이었지만 실제로는 명단에 없는 '아르바이트생' 39명도 투입되었다(연합뉴스, 2012년 8월 3일). 컨택터스가 문제가 되자 회사 측은 경비업체를 다른 회사로 교체했다. 2008년 9월에 설립된 컨택터스는 당시 '민간군사기업'을 표방했으며 투명방패, 투명헬멧, 물대포차량, 군견, 채증용 무인헬기까지 망라하고 있다고 스스로 선전하고 있었다(주간경향, 2012년 8월 14일, 988호).

제19대 국회 311회 7차 국회본회의(2012년 9월 11일)에 출석한 당시 통합민주당 은수미 의원은 이렇게 말한다.

"총리는 앞으로 나와 주십시오. 헌법을 비롯한 노동관계법은 노동3권 등 기본인권을 보장하고 있습니다. 그러나 오늘날 이와 같은 기본인권이 무시되고 있습니다."

그는 영상자료를 보여주면서 또 이렇게 말한다.

"2009년 쌍용자동차 노동쟁의에 투입된 중무장한 용역입니다. 방패를 든 용역, 경찰, 구사대의 모습 보겠고요. 2010년 발레오 노조에 투입된 용역 그리고 문신을 한 용역이 소화기를 뿌리고 있습니다. 경북 구미 KEC에 투입된 용역 똑같은 모습입니다. 2011년도 상신브레이크에 투입된 용역입니다. 유성기업에 투입된 용역이 죽창으로 위협을 하고, 소방호스로 공격을 하며 소화기를 던지고 있습니다. 자동차로 돌진한 폭력 용역 때문에 중상을 당한 유성기업 노동자입니다. 역시 유성기업 노동자이고 또한 이들은 용역 폭력으로 두개골이 함몰되었습니다. 당시 용역이 보유한 장비입니다. 한진중공업 폭력 현장이고요. 최근 용역 폭력으로 부상당한 SJM 노동자들의 모습이고, 수수방관하는 경찰의 모습입니다. 이러한 폭력상황 보시고 어떻게 느끼셨습니까?"

노동조합의 힘을
적극 활용해서
회사를 발전시키면
어떨까

// 김영호 이야기

239

사실 김영호(51) 지회장 인터뷰는 가장 먼저 진행했고 가장 많은 이야기를 나누었다. 나는 그를 통해서 727 사태의 윤곽을 파악할 수 있었다. 하지만 나는 독자들이 그를 가장 먼저 만나게 하고 싶지는 않았다. 지회장보다는 평범한 조합원들을 먼저 만나기를 바랐고 그래서 김영호 지회장의 인터뷰를 맨 뒤에 배치하기로 처음부터 마음먹었다.

그는 인터뷰를 시작하기 전에 "우리가 겪은 일을 좀 더 많은 사람들이 알 수 있도록" 하고 싶다고 했다. SJM 사례를 통해서 다른 노동조합들이 "불행한 사태"를 미리 눈치채고 방지할 수 있기를 바란 것이다. 한편 그는 노동조합 자신의 잘못도 돌아보고 회사와의 관계도 한 단계 성숙시켜 나가길 원했다. 나는 그가 "노동조합의 사회적 책임"을 강조하는 문제의식을 가지고 있는 데 깊은 인상을 받았다. 사실 SJM 727은 이미 노동조합과 시민사회가 연대한 훌륭한 사례라고 할 수 있다.

김영호 저는 이론 공부를 해본 적이 없어요. 하지만 그저 살아온 경험으로 볼 때, 급격한 변화보다는 지금 비상식적인 사회현상에서 작은 문제라도 우리가 잘 해결하는 과정을 거칠 때 희망을 가지고 좀 더 좋은 사회를 상상해보고 갈 수 있는 게 아닌가, 이런 생각을 해요. 정해진

틀에 우리 사회를 맞추려고 하면 또 안 되는 거고. 세월호 사건 같은 경우만 봐도 굉장히 야만적인 사회잖아요. 애들 죽은 거에 대해서 막 손가락질하거나 리본을 불태우거나 하는 사람들이나. 진상을 철저히 왜곡하는 것들에 대해서 조직된 노동조합이 나서서 정상화시키려고 노력해야 한다고 생각해요. 한편 회사 경영도 노동조합이 함께 책임 질 수 있는 관계로 만들어보는 게 어떤가 생각하고 있어요.

나는 청해진해운에 건강한 노동조합이 있었다면 과연 세월호가 그 지경으로 출항할 수 있었을까 하는 생각을 자주 한다. 그곳에서 일하던 노동자들은 세월호의 상태에 대해서 오래전부터 알고 있었을 것 아닌가.

작가 제가 727을 취재하면서 가장 인상적이었던 게 당시 '비폭력 대응'[*] 방식이었어요. 그렇게 대응한 까닭이 있나요?

김영호 2011년 집행부가 들어설 때 이미 회사에서는 노조를 부정하는 듯한 태도를 느꼈어요. 저희 노조가 그래도 꽤 역사가 됐는데 회사가 이렇게 나왔던 적이 없었거든요. 저도 집행부를 처음 맡는 게 아닌 터라 집행부 당선이 되고 회사를 딱 대하니까 아, 이 사람들이 예년과는 뭔가 다르다는 것을 많이 느꼈어요. 2011년 10월 임기가 시작될 때부터. 회사의 변화를 처음 감지한 것은 2007년도예요. 회사가 현장 통제를 아예 포기하다시피 하더라구요. 2007년에 제가 전임을 다 끝내고 현장복귀를 했더니 그 전에 일하던 현장하고는 완전히 달라진 거

---

[*] 김활신과 박창길에 따르면 SJM 노동조합의 비폭력 대응은 폭력으로 맞선 다른 회사의 사례에서 노동자들만 구속되면서 조직적인 피해를 입었던 경험을 피하기 위한 것이었다. 비폭력 대응은 우호적인 여론 형성에 결정적인 영향을 미치면서 이후 노조가 주도권을 쥘 수 있도록 해주었다. (김활신·박창길, 앞의 글. '박선심 이야기' 부분 참조.)

예요. 분위기가. 우리 같은 제조업은 근무시간이 딱 정해져 있고 근무시간과 휴게시간이 명확하게 구분되어 있는데 그때 복귀를 해서 보니까 아예 구분이 없어졌더라구요. 자기 쉬고 싶을 때 쉬고 담배도 뭐 아무 때나 피우고. 여덟 시간 중에 네 시간만 일하고 퇴근하는 사람들이 있었어요. 휴게시간이 엄청나게 늘어난 거죠. 전에는 관리자들이 1분 1초를 가지고 막 따지고 통제하던 것이 전혀 없어졌다는 거. 이게 한편으로 보면 '우리 노조가 그만큼 발전했으니까 회사가 사람 대우를 해줘서 잔소리 안 하고 통제 안 하는구나.' 생각할 수도 있지만 저는 그때 굉장한 불안감을 느꼈거든요. 도덕성을 자꾸 훼손시켜서 정말 중요할 때, 자기 양심을 걸고 싸워야 할 때 자기의 이익을 더 우선시하지 않겠느냐, 우리 조합원들이. 우리 모두의 어떤 이익보다는 내 가정 또는 내 이익을 우선시해서 조합을 이탈한다거나 배신행위를 하지 않겠느냐. 그런 막연한 불안감을 느꼈어요. 그래서 우리가 자정운동을 좀 했어요. 밥 먹는 시간이라도 지키고 휴게시간도 좀 지킵시다. 회사가 얘기하기 전에. 그런 운동이 먹히긴 했는데. 워낙에 회사가 풀어놓다 보니까 걷잡을 수가 없더라구요.

지금 생각해보면 회사는 그때 이미 복수노조 시대를 준비하면서 노동조합을 와해시킬 준비를 하고 있었다. 2011년부터 회사는 그동안의 태도에서 돌변하여 조합원들을 징계하기 시작했다. 관리자들이 'X반도'라고 하는 형광색 옷을 입고 돌아다니면서, "당신 징계!" 손가락질로 사람들을 겨냥하며 소리쳤다. 180도 돌아선 것이다. 공장은 공포 분위기로 변했다. 쉬는 시간에도 안전모를 썼고 제자리에서 쉬는 조합원도 있었다.

김영호　　이제 와서 생각해보면 회사의 작전은 우리가 스스로 무너지기를 바랐던 거예요. 도덕성, 민주노조운동의 정신을 버리게 하는 거죠. 이익이나, 고용보장을 해준다고 하면 거기에 따라서 민주노조운동의 정신을 버리는 거. 그것을 회사가 가장 중심적으로 노렸던 것이 아닌가 싶습니다. 오랜 기간 공들여 복수노조 시대에 실리적인 기업노조를 세우려고 했던 것 같아요.

작가　실제 복수노조가 처음 설립된 건 언제예요?

김영호　2012년 8월 10일. 727 터지고 보름 만에 바로 만들었어요. 준비한 게 있으니 바로 만들 수 있었죠. 회사가 처음부터 깡패를 사거나 물리적 폭력을 쓰려고 했던 건 아닌 것 같아요. 복수노조가 만들어졌을 때 민주노조가 와르르 무너지고 기업노조로 건너오는 걸 회사는 바랐던 것 같아요. 그게 대외적으로도 크게 알려지지도 않고 조용하게 자기들의 목적을 달성할 수 있는 거니까. 그렇게 하기 위해서는 집행부와 조합원 사이를 갈라놓을 필요가 있었겠죠. 집행부에 불만을 가져야 탈퇴를 쉽게 할 테니까요. 회사는 집행부를 철저하게 고립시키는 작전을 썼어요. 집행부가 어떤 권한도 갖지 못하게. 심지어 노무 관리자 이외에는 사장이라든지 경영본부장, 회장 이런 사람들이 만나주지도 않았어요. 그만큼 집행부 위상을 떨어뜨리려고 그랬던 것 같아요. 노무 관리자는 "예. 그건 안 됩니다." 이런 행태로 나오면서 집행부가 어떤 정당한 요구를 해도 무조건 거부했어요. 그러면서 조합원들은 집행부를 안 찾게 되고요. '집행부가 내 고용을 보장해줄 수 있을까?' 의심하게 만든 거죠. 그래서 저희도 전면전을 준비하면서 일단 사회진보연대 한지원 실장에게 경영분석을 의뢰하고, 유성기업에 용역 폭력사태가 터졌던 이후니까 발레오만도나 유성기업의 사례를 계속 공부했죠. 내부적으로도 공부를 하고. 727 이전에는 저희가 직접 유성기업 등에 찾아갔어요. 거기서 노하우를 싹 전수받았죠. 깡패 들어오면 어떻게 싸워야 하고, 회사가 직장폐쇄하면 어떻게 해야 하는

지……. 가장 중요한 것들을 당시 유성기업 홍종인 지회장과 간부들이 성심성의껏 다 얘기해줬어요. 그게 큰 도움이 됐어요. 그러면서도 설마설마했어요. 솔직히 SJM 같은 이런 작은 회사에……. 당시에는 그렇게 주목받는 사업장도 아니었고. 이런 데까지 깡패들이 들어올까 싶었지요. '우리가 다 회사에서 20년 넘게 일했던 사람들인데 설마 깡패까지 사서 저렇게 할까.' 생각도 했죠. 미련했던 거죠, 그때는. 제가 그때 미련을 버리지 못했기 때문에 계속 회장과도 면담을 했었고 지금 사장이 된 김○○ 사장도, 그땐 경영지원본부장을 맡고 있었는데, 제가 구로까지 찾아갔어요.

당시 김○○은 구로에 있는 △△정보통신의 사장을 겸직하고 있었다. 김영호는 전철을 타고 그를 만나러 가면서 착잡한 마음에 오만 가지 생각이 들었다. 어쨌든 조합원들이 사는 게 우선이라고 생각했다. 노동조합이 잘못한 게 있다면 얘기를 좀 해달라고, 우리가 변하겠으니 강경기조를 좀 바꿔달라고 얘기를 하러 갔다. 그러나 막상 얼굴을 마주하자 벽 같은 것이 느껴졌다. 이 사람들도 어쩔 수 없는 큰 움직임 같은 것이 있다는 생각마저 들었다.

2012년 4월, 갑자기 1년짜리 비정규직 노동자 한 명이 입사를 했다.
그동안 노사가 합의했던 관행을 무시하는 조치였다.
과거에는 꿈도 꿀 수 없는 일이었다.
회사는 조합을 철저하게 배제하기 시작했다.
일방통행식 노무 관리가 계속됐다.

식당이 아웃소싱되고, 식당 근무자들을 현장으로 전환 배치한다는 통보가 날아왔다.
단체협약상 협의를 하게 되어 있지 않으냐고 따졌다.

"자, 협의했습니다. 됐죠?"

그 한마디가 돌아왔다.

근무시간 중 조합원 교육시간을 임금에서 일괄 삭감했다.

그동안 근무시간으로 인정되던 관행을 일방적으로 깬 것이다.

해외에서 제작된 벨로우즈 완제품이 공장에서 발견됐다.

바이백이 드러난 것이다.

역수입이 허용되면 국내 공장은 고용불안에 시달리게 되므로 매우 심각한 사태였다.

회사는 '조합과 협의 없이 들어와서 미안하다.'며 사과문을 부착했다.

'앞으로는 협의하고 들어오겠다.'는 식이었다.

2012년 4월부터 교섭이 시작됐지만 제대로 진행될 리 없었다.

김영호 사실 그때만 해도 복수노조 무서운 걸 몰랐어요. 복수노조가 만들어
지고 기업노조가 교섭권을 가져가면 하루아침에 와해된다는 걸 몰랐
어요. 사무직 전부와 현장에서 조금만 이탈하면 다수 노조가 되는 건
데 그 생각까지는 전혀 못 했어요. 회사는 복수노조라는 큰 무기가
있으니 자신감을 가지고 계속 밀어붙였던 것 같아요.

사실 구속 각오는 조합원들한테 이미 밝힌 상태였다. "싸울 각오는 됐다. 조합원 동지
들이 좀 판단을 해달라." 했고, 대다수 조합원이 "싸워야죠."라고 말했다. 밤잠 못 이루
는 날이 계속됐지만 조합원 간담회를 거치고 자신감도 조금 회복했다. "그럼 싸워야지.
조합을 지켜야지."라고 말하는 조합원들이 단순하면서도 현명해 보였다. 그 당시는 전
면전 준비를 하면서도 돈이 필요하다는 것도 몰랐다. 경험이 없다 보니 6천만 원 정도

투쟁기금이 있으면 충분하지 않겠나 생각하는 정도였다. 직장폐쇄에 대비하기 위해서 다른 회사에 견학을 다녔다. 견학은 주로 취약 부서인 '공무 생기' 노동자들과 다녔다. 직장폐쇄가 실행되면 이탈할 것이 가장 걱정되는 부서였다. 유성기업에 방문하여 직접 사례를 들은 것은 나중에 큰 힘이 됐다. 결국 공무 생기 부서는 727 당시 60퍼센트는 노조로, 40퍼센트는 회사 측으로 갔다. 기업노조 위원장과 핵심 간부들은 모두 '공무 생기' 출신이었다.

노조도 가장 취약한 공무 생기 부서 노동자들을 지명 파업시키고 선도 투쟁을 했다. 공무 생기는 회사 측에서도 집중관리하고 있었다.

김영호 그때 유성기업에서 들은 가장 핵심적인 말은, 깡패들과 싸운 것 때문에 지금 법정 싸움을 하느라 괴롭다는 거였어요. 유성기업 노조는 깡패가 들어왔을 때 물론 쫓겨났지만, 싸움에서는 자신 있었기 때문에 다시 대오를 꾸려서 무력으로 진입해 깡패를 쫓아냈어요. 그다음에 또 경찰이 진입했고, 다시 쫓겨 나가고. 밖에 나와 있으면 깡패들이 치고 나와서, 완전히 옛날 무슨 사극에 칼 들고 싸우는 전쟁이랑 똑같았어요. 그렇게 치고 박고 공방전을 한 달 했더니 그 강하던 조합원들 상당수가 이탈하기 시작한 거예요. 한 달 만에 업무복귀 선언을 하게 되고. 업무복귀 선언은 항복 선언이거든요. 저희가 찾아갔을 때는 사태가 발생한 지 2년, 3년 지난 뒤였는데도 법정 싸움이 끝나지 않아서 괴로워하고 있었어요.

그들은 유성기업을 방문한 뒤 비폭력 방침을 굳히게 되었다. 7월 말에 시작되는 하계 휴가 전에는 여론에 불리하기 때문에 회사가 직장폐쇄를 하지 않을 것이라고 생각했다. 휴가가 다가오면서 만약을 대비해 규찰대를 구성하고 경계 근무를 시작했지만 직장폐쇄가 될 거라는 생각은 하지 않았다. 7월 26일, 일과를 마친 뒤 막걸리를 마시고 있는데 경기지부장에게 전화가 왔다. 다음 날 저녁 문화제만 끝나면 휴가가 시작될 터였다.

전국적으로 용역들이 모이고 있다고 했다.

2천 명가량이나 된다고 했다.

"그런데 그걸 왜 우리한테 말해요?"

조합원이 300명도 안 되는 SJM에 올 리 없었다.

만에 하나 SJM으로 갈 수도 있으니 대비를 하는 게 좋겠다고 했다.

설마 우리에게 올까, 생각했다.

금속노조 상황실에 모여서 기다리고 있는데 용역 300명가량이 따로 방향을 틀었다는 기별이 왔다.

비상이 걸렸다.

밤 11시쯤 지나자 안산으로 올 가능성이 거의 확실해졌다.

일단 조합원들에게 알리자고 결정했다.

야간근무가 끝나는 11시 50분이 다가오고 있었다.

퇴근하려는 조합원들을 소집해서 공장에 모았다.

긴장한 조합원들에게 용역들이 안산으로 오고 있다고 알렸다.

"어떻게 해야 할까요?"

김영호가 조합원들에게 물었다.

정적이 흘렀다.

"깡패 새끼들이 우리 회사에 쳐들어온다는데 우리가 왜 나가요?"

정적을 깨고, 한 여성 조합원이 대뜸 말했다.

분위기가 급반전되었다.

자연스럽게 농성이 시작되었다.

새벽이 되자 용역들을 태운 버스가 안산 진입로를 지나 화랑유원지로 들어와 멈췄다.

규찰대가 화랑유원지로, 반월공단 입구로, 정·후문으로 나가서 대기했다.

배가 고팠다.

매점으로 가서 라면을 먹는 사람들도 있었다.

야간근무를 마친 조합원들은 탈의실에 누워, 오지 않는 잠을 청하는 것 같았다.

사무장은 조합 사무실에서 중요한 서류를 챙기고 있었다.

용역이 들어왔을 경우에 대비해서 토의해둔 것들이 무용지물이었다.

주변을 둘러보니 평균 연령이 45세는 되는 사람들이었다.

20대 젊은 사람들을 이길 수는 없을 것이다.

그렇다고 우리 스스로 물러날 수는 없었다.

맨손으로 저항하다가 용역들이 밀면 밀려나는 수밖에 없었다.

설사 그렇게 무식한 폭력으로 나올 줄을 상상하지 못했다.

일단 정·후문을 지키다가 밀리면,

2층 사무실로 갔다가 계단을 통해서 밖으로 빠져나가기로 했다.

한 번도 싸워보지 않았던 조합원들이 태반이었다.

혹시 손을 다칠 수 있으니 목장갑 한 켤레와 얇은 마스크를 나눠줬다.

시간이 흐르고 마침내 용역들이 후문에 도착했다.

김영호 다음 날 아침에 금속노조에서 전국적으로 다 모였어요. 지도부하고 긴급 회의를 했는데 공장으로 다시 치고 들어가지 않기로 했어요. 유성기업의 영향이었죠. 공장 밖에서 싸우기로 하고 민주노총 안산지부 강당에 농성장을 만들었어요. 처음에는 체계를 잡는 게 힘들었어요. 다 처음 해보는 거라. 통근차를 타고 오는 게 평생 몸에 밴 사람들에게 투쟁 거점으로 출근을 하라고 지시했는데, 이게 익숙하지가 않으니까 지각하는 사람이 속출하고, 통근차가 없어서 못 온다는 사람도 있었어요. 그래서 카풀을 배치해주고 출퇴근 체크도 했어요. 200명이 넘는 사람들의 체계를 잡고, 아침에 출근하면 각 부서별로 점검회의를 하고 매일 전체 총회를 열고 전날의 보고와 평가, 하루의 계획…… 이런 걸 잡는 데 일주일이 걸렸어요. 체계가 잡히니까 조합원들도 불안해하던 심리가 가라앉고 자기 위치를 찾아갔어요.

그들은 "공장으로 돌아가자!"는 구호를 외치지 않았다.
파업을 하려고 나온 게 아니라, 깡패들에게 쫓겨난 것이기 때문이었다.
대신 이렇게 말했다.
"불법 폭력행위를 저지른 회사가 우리 일하는 사람들한테 사죄하고 '들어와서 다시 노동력을 제공해주십시오.'라고 부탁하기 전에는 우리 스스로 들어가지 않겠다."

김영호 불법 직장폐쇄를 했던 회사 측이 사과와 배상을 하고 다시 일을 해달라고 사정을 하기 전에 다시 공장으로 돌아가는 것은 우리 스스로 회사 측의 불법을 용납해주는 것이기 때문에……. 우리는 매일매일 '불법 직장폐쇄 규탄투쟁'을 했어요. 현장을 쳐다보지도 않으려고 했어요. 참 고도의 심리전인 게 사측이 우리를 쫓아낸 다음에 제일 먼저 한 조치가 철조망을 뺑 둘러치는 거였거든요. 우리는 들어갈 생각도 없었고, 회사도 우리가 안 들어온다는 거 뻔히 알면서 철조망을 치더라구요. 다음으로 정문을 철판으로 막고 더 높이고 그것도 안 되니까 컨테이너 박스 두 개를 2층으로 싸서 아예 차단을 시켜버렸어요. 우리가 현장을 볼 수 없도록.

늘 밟던 땅이 다른 땅이 된 것 같았다.

한두 개면 충분할 CCTV가 백여 개나 달렸다.

무언의 심리전이었다.

그러나 그들을 돕는 사람들[*]이 더 많았다.

강당과 사무실을 제공해준 민주노총,

매일 40여 명씩 SJM 천막농성에 함께해준 금속노조 경기지부,

멀리 지방에서까지 올라와준 금속노조 다른 지역 지부 조합원들,

10일 만에 만들어진 안산의 SJM 폭력탄압 진상규명과 노사문제해결을 위한 안산지역

제 정당, 시민사회단체 공동대책위, 경기지역 시민사회단체들의 대책위,

727 폭력현장을 찍은 조합원들의 스마트폰 영상을 담아 제작된, 온 국민을 공분시킨

〈야만의 새벽〉,

일주일에 한 번씩 민주노총 안산지부 사무실로 왔던 밥차,

SJM 지회 후원금 명단에 올라온 이름들,

어린이집 엄마들, 쥐띠 모임, ○○○ 고향 친구, 앞집 사람이 내민 봉투,

뜨거운 집회 현장에 미숫가루를 타왔던, 조합원의 아이가 다니는 어린이집 엄마들,

조합원 친구 이름이 적힌 채 사무실 현관 앞에 놓여 있던 생수 몇 박스,

동네 술친구들의 성금,

형수가 보내준 반찬,

언론을 통해서 기사를 본 친구들과 형제들의 전화,

평소 노동조합 이야기도 못 꺼내게 하던 이들이 써준 인터넷 댓글들;

"니 말이 맞는 것 같다."

그리고 무엇보다도 가족대책위까지 구성해서 지원에 나선 가족들.

[*] 아래에 '그들을 돕는 사람들'은 김활신·박창길의 같은 글에서 뽑아 배열한 것이다.

SJM 용역 폭력사태는, 스마트폰 영상과 함께 매일 언론을 탔다.

방송마다 특별취재팀을 구성하고 시사프로그램이 편성됐다.

그동안 노동조합 파괴를 전문으로 했던 창조컨설팅의 실체가 까발려졌다.

민주통합당 행정안전위원회, 환경노동위원회 위원들 여덟 명으로 구성된 진상조사위원회가 5일 만에 구성되어 활동을 시작했다.

컨택터스의 실체가 드러나고 남아프리카공화국 SJM 공장에서 열두 명의 대체인력 투입이 무산되었다.

국회에서 청문회가 열리면서 경찰의 직무유기가 드러났다.

김활신, 박창길은 이렇게 말한다.

> SJM 노동조합의 투쟁이 정당했기 때문에 연대는 더욱 강하게 지속되었고 강력한 연대의 힘은 SJM 노동조합의 정당성을 사회적으로 확인해주었다. SJM 노동조합의 투쟁은 비폭력 대응이었다는 점에서 시민들의 상식에 부합했고, 정당성을 인정받는 데 무리가 없었다.✖

김영호 저는 지금도 회사가 항복한 이유를 대선 때문이었다고 생각해요. 대선이 다가오고 있었고, 여당에서도 반노동자 이미지가 부담스러웠을 테니까요.

나는 아직도 대선 당시 박근혜 후보가 청계천의 전태일 동상에 찾아갔던 모습을 기억한다. 그때 그걸 막아서다가 밀쳐졌던 김정우 지부장의 모습도. 그녀는 쌍용자동차 국정조사를 약속했지만 그 약속은 다른 많은 공약처럼 지켜지지 않았다. 쌍용차 대한문

✖ 김활신·박창길, 같은 글.

농성장은 이듬해 봄 중구청 직원들에게 철거당했다. 그날 농성장이 있던 자리에는 팬지꽃으로 화단이 만들어졌다. 사람들은 농성장에 있던 영정사진과 버려진 국화꽃을 그곳에 심고 그 사이에 올라가 앉아서 자리를 지켰다. 그 꽃무덤에는 철거를 하려는 사람들과 철거를 막는 사람들이, 살아 있는 사람들과 죽은 사람들이, 팬지꽃과 국화꽃이 '따로따로 있으면서 또 같이 있는 무지개'*를 이루고 있었다.

작가 회사로 돌아갈 때 어땠나요? '이겼다!'는 생각이라도 들었나요?

김영호 기뻐야 되는데 별로 안 기쁘더라고요. 처음에 연락이, 정확히 기억은 없는데 사무장을 통해서인가 회사 측으로부터 연락이 처음 왔어요. 교섭을 하자고. 9월 중순경. 그때 이미 저는 '아, 회사가 항복을 하는구나.' 느꼈어요. 회사 측이 '협상을 하자. 만나자.' 이렇게 얘기했다는 것은 '접으려고 했구나. 생각보다 빨리 왔네.' 이 정도의 느낌이었고, 그것이 그렇게 기쁘거나 또 내가 이겼다고 하는 그런 생각은 안 들더라구요. 이게 전쟁이었다면 항복을 받아내면 '이겼다!'라고 해야겠지만, 노사 간의 싸움은 사실 그런 건 아니에요. 그저 '사측이 나쁜 일을 도모하다가 중단했다.'이고, 나는 '다시 정상으로 돌아갔다. 또는 우리가 살아남았다.' 그렇게 표현을 하고 싶어요.

그에게서 어떤 피로감 같은 것이 느껴졌다. 사측의 얘기를 들었던 순간, 그가 느꼈을 어떤 피로감, 긴장이 풀리면서 갑자기 밀려드는 피로감 말이다.

9월 24일 국회청문회를 앞두고 23일 일요일 오후 5시경 '직장폐쇄철회공고'가 붙었다.

* 김윤희 희곡 「팬지」에서 인용. 팬지는 사람의 멍든 얼굴 모양으로 피어 있는 꽃이다. 팬지는 프랑스어 '팡세(생각)'에서 온 말이라고 한다.

겨우 A4용지 한 장이었다.

조합원들은 공고문을 배경으로 기념촬영을 했다.

그들은 마음껏 웃었다.

9월 26일 SJM 노동자들은 정문 앞에 모였다.

다 같이 들어가기 위해서였다.

그들은 문을 열고 공장으로 돌아갔다.

공장으로 돌아간 그들은 1년 만에 기업노조를 '통합'했다.

주간연속 2교대를 계속한 것은 물론 잔업특근과 주말 근무도 없앴다.

각종 수당을 통상임금으로 전환했다.

오버타임 근무도 통상임금으로 포함시켰다.

실질적으로 근무시간이 줄게 되었다.

비정규직은 모두 정규직으로 전환했다.

노조파괴 공작의 실체를 규명하지는 못했지만 회사와 기업노조의 사과를 받아냈다.

그리고 회사 측에게 노사 간에 향후 화합으로 가겠다는 '확인'을 받아냈다.

김영호   생산직 직급체계를 전면 개편했어요. 노조를 탄압할 때 필요했던 직
         급체계를 평화체제에 맞게 바꾸도록 요구한 거죠. 처음에는 인사권
         인데 노조가 왜 개입하냐고 버텼지만 결국 조합안을 수용했어요. 제
         가 회사에 얘기하고 싶은 건 '금속노조가 있으면 회사의 이익이 줄어
         드느냐?' 하는 거예요. 그 사람들은 당연히 그렇다고 생각하는데 조
         금 장기적으로 보면 일하는 사람들이 행복하고 인격적인 대우를 받
         아야 회사의 경쟁력도 올라가요. 이건 제 나름의 논리인데 그래서 그
         걸 증명해 보이고 싶은 욕심이 있어요. 건강한 사람들이 일하는 회사

에서 좋은 품질의 제품이 나온다, 이걸 한번 보여주고 싶은 거죠. 앞으로 시간이 흘러가면서 회사 측도 보고 느끼겠죠. 회사도 지금은 어쩔 수 없이 수세라고 판단하지 말고 '그러면 새롭게 한번 해볼까?' 그런 의욕을 가졌으면 좋겠어요. '기왕 없애지 못할 노조라면, 노조의 힘을 적극 활용해서 회사를 발전시키면 어떨까.' 생각을 바꾸게 하고 싶어요. 우선 현장 개선팀을 좀 꾸리려고 해요. 그동안 회사 측에다만 맡겨놨던 건데 아직 저 혼자만의 생각인데…… 생산공정이나 업무협조 체계를 노조가 개입해서 만들어내는 거죠. 회사의 조직체계는 굉장히 경직돼 있어요. 각 부서가 내 책임이 아닌 것에는 관여하지 않으려고 해요. 그렇지만 노조는 좀 다르죠. 그래서 여유 인력이든 기술이든 이런 것을 필요한 부서 쪽에 접목을 시키는 거, 서로 협조 체계를 만드는 것들을 노조가 제안을 하고 그 틀 속에서 자연스럽게 그 체계를 만들어가는……. 잉여금을 다른 데 쓰지 말고 설비를 확충하고 투자하게끔, 신뢰를 만드는 것도 노동조합의 역할이라고 생각하고요. 또 하나는 고용문젠데…… 저도 이게 참 어렵고 얘기하기가 난감하지만 경직된 건 분명히 있어요. '금속노조가 들어서면 절대 비정규직 쓸 수 없다. 외주 이런 거 함부로 할 수 없다. 사람이 좀 바쁜 부서로 지원 가는 것도 할 수 없다.' 경직된 건 분명히 있는데 그렇다고 우리가 '비정규직을 씁시다.' 이렇게 얘기할 수도 없는 거고. 해결책을 좀 내긴 내야 되는데. 그래서 우리가 공식적으로 사회적 기업을, 아예 노조에서 하나의 기업을 만들고 그 기업에 회사가 투명하게 하청을 줘라, 그럼 이 하청업체는 이익을 위한 하청업체가 아니기 때문에 정년퇴직하신 분들의 일자리를 여기서 창출한다든가 할 수 있죠. 사실 저희가 노사관계에 불신이 있어서 회사에서 외주 협력업체에 일을 주면 그걸 노조를 와해시키려는 공작으로 보는 게 있거든요. 회사가 투명한 사회적 기업에 오더를 준다면 노사 간 신뢰도 깨지지 않고, 여기서 나오는 수익금들은 사회 환원이 되는 거니까 노사가 서로 의미가 있는 일이고. 그래서 음, 그런 제안들을 한번 해보려고 하는 거예요.

나는 첫 인터뷰를 그와 하면서 727의 전체적인 윤곽을 파악했고, 정준위 수석과 김용기 사무장을 만나면서 전체적인 상을 그렸다. 그리고 한 사람 한 사람 '어떤 말'들을 간직하고 있을 것 같은 이들을 찾아다녔다. 희곡에 등장인물을 배치하듯 그중 몇 명을 책에 내세웠다. 대화 내내 계속 언급되지만 만나지는 못한 기업노조나 '회사 쪽' 사람들 얘기를 넣는 것은 애당초 어려운 일이어서 안타까웠다.

기타 치는 것을 좋아하는 김영호가 연주를 하면서 노래하는 것을 자주 보았다. 만난 지 얼마 안 되었을 때 술에 취해 비틀거리며 집으로 돌아가는 모습도 보았다. 무언가 생각에 잠겨 있다가 환하게 다른 사람을 맞는 것도 보았다. 노동조합을 세우려는 반월공단의 한 사업장에 연대하러 가서 힘차게 발언하는 모습도 보았다. 결국 노동조합을 세우지 못했을 때 자기 일처럼 안타까워하던 표정과 딸과 아내를 바라보던 흐뭇한 미소도.

지회장이 되면서 '전면전'을 준비해온 그가 727 그 캄캄한 새벽에 유인철에게 3공장에서 쇠파이프를 가져오라고 말하던 순간에 느꼈을 절망과 후회를 나로서는 지금도 짐작할 수 없다.

❀

한동안 에필로그를 쓰지 못했다.
그러다 Y의 이야기가 생각났다.

❀

Y도 김태환처럼 매형의 소개로 SJM에 입사했다.
그래서 해마다 설날이나 추석이면 배를 한 박스 사다드렸다.
그해 727 직후 추석에 배를 한 박스 사서 사촌누나네를 찾아갔다.
누나가 없어서 전화를 걸어 집 비밀번호를 얻었다.
배 상자를 두고 집으로 돌아오는데 누나에게 연락이 왔다.

매형이 싫으니까 가져가래.

그는 누나네 집으로 돌아가서 배를 다시 가져왔다.

가게에 가서 영수증을 보여주고 반환했다.

자신이 먹기에는 너무 좋은 배였다.

그는 727 때 회사로 복귀하지 않았다.

매형과는 철조망을 사이에 두고 있었다.

시간이 흘러 이젠 매형과 회사에서 마주치면 인사도 하고 얘기도 나누게 됐다.

하지만 명절이 돌아와도 과일 상자를 사 들고 찾아가지 않는다.

그 무렵의 기억을 떠올리게 하는 일이므로.

예전에는 서로 새해 복 많이 받으라고 문자라도 주고받는 사이였다.

배를 선물하고 매형이 외국에 나갔다 올 때 사온 양주를 얻어 마신 적도 있다.

가까운 곳에 살았기 때문에 밥이라도 한 끼 같이 먹었다.

그러나 그날 이후 단 한 번도 서로 전화를 건 적은 없다.

매형과 누나는 먼 곳으로 이사를 갔다.

그냥 그렇게 되었다.

어느 날 우연히 아내와 들른 국숫집에서 누나를 만났다.

누나는 다른 사람과 국수를 먹고 있었다.

누나가 먼저 다가와 알은체를 했다.

누나는 그날 국수값을 계산해 주었다.

그는 그 뒤로도 누나에게 연락을 하지 않았다.

누나를 언제 또 볼게 될지 알 수 없다.

❀

어쩌면 그들은 727이 아니더라도 언젠가는 서로 말을 하지 않는 사이가 되었을지도 모른다. 그러니 모든 것이 727 때문이었다고 말해서는 안 될 것이다. 그러나 727이 그들에게 영원히 치유될 수 없는 상처를 남긴 것은 분명하다.

과거사를 다룬 연극을 보다가 문득 '다른 사람의 아픈 기억을 굳이 끄집어내는 게 무슨 의미가 있는 걸까?' 하는 생각을 하곤 했다. 이 책을 만드는 동안 그런 생각이 계속되었다. 남북전쟁을 다룬 영화 〈콜드마운틴〉의 마지막 장면에서 사랑하는 사람을 잃은 에이다의 말이 조금 위안을 주었다.

"우리가 잃어버린 것을 결코 돌려받을 수는 없겠지요.
이 땅도 회복될 수는 없을 테지요.
너무 많은 피를 흘렸으니.
우리 가슴도 치유될 순 없을 겁니다.
우리가 할 수 있는 일은 과거와 함께 평화롭게 살아가면서
그에게서 배우려고 노력하는 게 전부일 테지요."

호모 파베르의 인터뷰

직장폐쇄와 용역 폭력사태에 맞선 안산 SJM 노동자들의 59일간 이야기

1판 1쇄　　2016년 3월 18일

지은이　　이양구
펴낸이　　김태형
펴낸곳　　도서출판 제철소
등록　　2014년 6월 11일 제2014-000058호
주소　　(10082) 경기도 파주시 산남로 195번길 44-29
전화　　010-9737-1924
팩스　　0303-3444-3469
전자우편　　right_season@naver.com
페이스북　　facebook.com/from.rightseason

『호모 파베르의 인터뷰』독자 북펀드에 참여해주신 분들(가나다순)

강부원 강영미 강영애 강은희 김기남 김기태 김병희 김성기 김수민 김수영 김정민 김정환 김주연 김주현 김중기 김진성 김태수 김푸름 김현승 김현철 김혜원 김희곤 나준영 노진석 박나율 박연옥 박진순 설진철 송덕영 송화미 신민영 신승준 안지혜 안진경 안진영 우미화 유성환 유승안 유인환 이경희 이나나 이만길 이상훈 이수한 이승빈 이하나 임원경 장경훈 전미혜 정민수 조민희 조승주 조정우 최경호 탁안나 한민용 한성구 한승훈 함기령 허민선 (외 9명, 총 69명 참여)

이 도서의 국립중앙도서관 출판예정도서목록(CIP)은 서지정보유통지원시스템 홈페이지(http://seoji.go.kr)와
국가자료공동목록시스템(http://www.nl.go.kr/kolisnet)에서 이용하실 수 있습니다.
(CIP제어번호: CIP2016006420)